高等职业教育安全保卫专业群规划教材
北京市职业教育分级制改革试验项目成果

消防水灭火系统应用

吕金涛 编著

中国人民公安大学出版社
·北 京·

图书在版编目（CIP）数据

消防水灭火系统应用 / 吕金涛编著. —北京：中国人民公安大学出版社，2019. 2
高等职业教育安全保卫专业群规划教材
ISBN 978 - 7 - 5653 - 3544 - 0
Ⅰ. ①消… Ⅱ. ①吕… Ⅲ. ①消防给水系统—高等学校—教材 Ⅳ. ①TU998. 13
中国版本图书馆 CIP 数据核字（2019）第 016827 号

XIAO FANG SHUI MIE HUO XI TONG YING YONG
消防水灭火系统应用
吕金涛 编著

出版发行：中国人民公安大学出版社
地 址：北京市西城区木樨地南里
邮政编码：100038
经 销：新华书店
印 刷：天津嘉恒印务有限公司

版 次：2019 年 3 月第 1 版
印 次：2025 年 7 月第 4 次
印 张：10
开 本：787 毫米 × 1092 毫米 1/16
字 数：231 千字

书 号：ISBN 978 - 7 - 5653 - 3544 - 0
定 价：36. 00 元

网 址：www. cppsup. com. cn www. porclub. com. cn
电子邮箱：zbs@ cppsup. com zbs@ cppsu. edu. cn

营销中心电话：010 - 83903254
读者服务部电话（门市）：010 - 83903257
警官读者俱乐部电话（网购、邮购）：010 - 83903253
教材分社电话：010 - 83903259

高等职业教育安全保卫专业群规划教材

编审委员会

前　言

随着社会的发展和人民生活水平的提高，国家对消防安全越来越重视，管理也越来越规范。行业的规范和人们对消防安全的日益重视，带来了消防行业对专业技术人才的巨大需求。因此，培养消防行业紧缺的专业技术型人才成为职业院校势在必行和迫在眉睫的重要任务。

《消防水灭火系统应用》是笔者通过几年的教学实践、科研活动积累下来的经验和成果的结晶。本书注重理论知识与实践应用的结合，注重学生职业实践能力的培养，切实落实工作岗位的需求和消防专业人才培养方案的实施。本书特点如下：

第一，职业规范性。为确保消防安全、建立行业规范，国家对消防行业的各个专业都制定了相应的标准。本书严格按照《消防给水及消火栓系统给水技术规范》《自动喷水灭火系统设计规范》《自动喷水灭火系统施工及验收规范》《建筑防火设计规范》等国家标准进行编制，旨在培养学生执行规范的意识和能力，便于学生尽快适应行业企业的用人需求。

第二，实用性。消防工程技术应用属于应用性学科，专业性强，知识更新快，实际操作技能要求高。因此，在本书编写过程中，笔者在强调理论的传承与创新的同时，更加注重理论知识对消防工作实践的指导，突出应用性和可操作性，设立了“本章小结”“实训”等模块，以促进学生理论知识和实践技能的双提升。

第三，知识模块化。本书采用模块化的形式，对不同系统的工作原理、系统组成、施工、检测验收、维护保养等分别进行模块介绍，模块之间既独立又相互联系，知识逐层递进，便于学习使用。

水灭火系统是应用最广泛的灭火系统，是消防工程、检测维护保养等工作的主要内容，是消防专业学生需要重点掌握的内容。本书分章节和模块分别介绍了消防给水系统、消火栓系统和自动喷水灭火系统的组成、工作原理以及施工、检测验收和维护保养等内容，相信本书将会对消防工程专业人才的培养发挥积极的作用。

由于作者水平有限，书中难免有疏漏或不妥之处，敬请广大读者和专家批评指正，多提宝贵意见或建议，以便日后修订或完善。

吕金涛

2018 年 12 月

前 言

目　录

第一章　消防给水系统

学习目标

1. 了解消防给水系统的分类。
2. 掌握消防给水系统各主要组件的工作原理和设置要求。
3. 掌握消防给水系统的安装调试、检测验收、维护管理的方法。

模块一　消防给水系统的分类和组成

项目一　消防给水系统的分类

根据不同的分类方式，消防给水系统有如下分类：

一、按水压分类

1. 高压消防给水系统是能始终保持水灭火系统所需的工作压力和流量，火灾时无须启动消防水泵直接加压的消防给水系统。如采用高位消防水池供水的系统。

2. 临时高压消防给水系统是平时不能满足水灭火设施所需的工作压力和流量，火灾时能自动启动消防水泵以满足水灭火设施所需的工作压力和流量的供水系统。临时高压消防给水系统是最常用的消防给水系统。

3. 低压消防给水系统是能满足车载或手抬移动消防水泵等取水所需的工作压力和流量的供水系统。如室外消防给水系统宜采用低压消防给水系统。

二、按用途分类

1. 专用消防给水系统是仅向水灭火系统供水的独立系统的消防给水系统。
2. 生活、消防共用给水系统是生活给水管网与消防给水管网共用的给水系统。
3. 生产、消防共用给水系统是生产给水管网与消防给水管网共用的给水系统。
4. 生活、生产、消防共用给水系统是生活给水管网、生产给水管网与消防给水管网共用的给水系统，比较经济和安全可靠。大中型城镇、开发区的给水系统均为生活、生产和消防共用的给水系统。

三、按位置分类

1. 市政消防给水系统是在城镇范围由市政给水系统向水灭火系统供水的消防给水系统。

2. 室外消防给水系统是在建筑物外部进行灭火并向室内消防给水系统供水的消防给水系统。

3. 室内消防给水系统是在建筑物内部进行灭火的消防给水系统。

四、按管网形式分类

1. 环状管网消防给水系统是消防给水系统构成闭合环形，双向供水的消防给水系统。

2. 枝状管网消防给水系统是消防给水管网呈树枝状，单向供水的消防给水系统。

项目二　消防给水系统的组成及组件

消防给水系统主要由消防水源、供水设施设备和给水管网等组成。

一、消防水源

消防水源的供水应是稳定可靠的。市政给水、消防水池、高位消防水池、天然水源等可以作为消防水源，并宜采用市政给水。雨水清水池、中水清水池、水景和游泳池则可作为备用消防水源。当雨水清水池、中水清水池、水景和游泳池必须作为消防水源时，应有保证在任何情况下均能满足消防给水系统所需的水量和水质的技术措施。消防水源的水质应满足水灭火设施的功能要求，消防给水管道内平时所充水的 pH 值应为 6 ~ 9。

（一）市政给水

当市政给水管网连续供水时，消防给水系统可采用市政给水管网直接供水，但应符合下列规定：

1. 应采用两路消防供水，除建筑高度超过 54m 的住宅外，室外消火栓设计流量小于等于 20L/s 时可采用一路消防供水；

2. 室外消火栓应由市政给水管网直接供水。

用作两路消防供水的市政给水管网应符合下列要求（见图 1 - 1）：

一是市政给水厂应至少设置两条输水干管向市政给水管网输水；

二是市政给水管网应为环状管网；

三是市政给水干管上应至少有两条不同的引入管向消防给水系统供水。若达不到以上市政两路消防供水条件时，则视为一路消防供水。

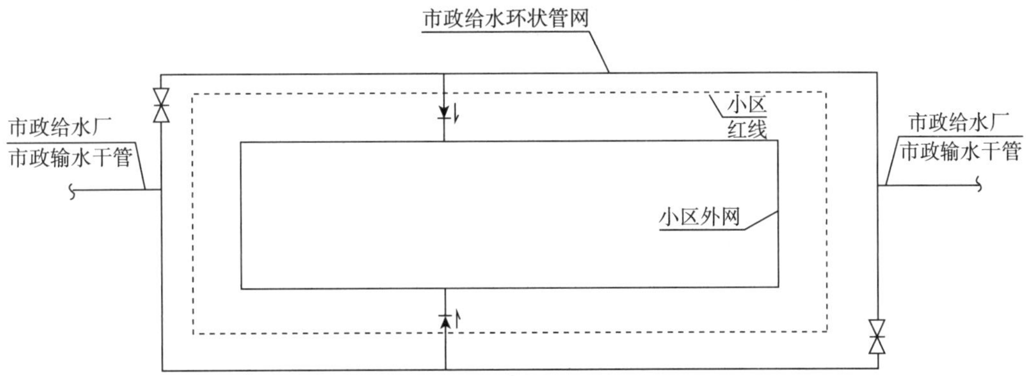

图1－1 市政给水管网给消防给水系统供水示意图

（二）消防水池

符合下列规定之一时，应设置消防水池：

一是当生产、生活用水量达到最大时，市政给水管网或入户引入管不能满足室内、室外消防给水设计流量；

二是当采用一路消防供水或只有一条入户引入管，且室外消火栓设计流量大于20L/s或建筑高度大于50m时；

三是市政消防给水设计流量小于建筑室内外消防给水设计流量。

1. 消防水池的设置要求。

（1）消防水池的给水管应根据其有效容积和补水时间确定，补水时间不宜大于48h，但当消防水池有效总容积大于2000m^3时，补水时间不应大于96h。消防水池进水管管径应计算确定，且不应小于DN100。

（2）当消防水池采用两路消防供水且在火灾情况下连续补水能满足消防要求时，消防水池的有效容积应根据计算确定，但不应小于100m^3，当仅设有消火栓系统时不应小于50m^3。

（3）消防水池的总蓄水有效容积大于500m^3时，宜设两格能独立使用的消防水池；当大于1000m^3时，应设置能独立使用的两座消防水池。每格（或座）消防水池应设置独立的出水管，并应设置满足最低有效水位的连通管，且其管径应能满足消防给水设计流量的要求。

（4）储存室外消防用水的消防水池或供消防车取水的消防水池，应符合下列规定：

①消防水池应设置取水口（井），且吸水高度不应大于6m；

②取水口（井）与建筑物（水泵房除外）的距离不宜小于15m；

③取水口（井）与甲、乙、丙类液体储罐等构筑物的距离不宜小于40m；

④取水口（井）与液化石油气储罐的距离不宜小于60m，当采取防止辐射热保护措施时，可为40m。

（5）消防用水与其他用水共用的水池，应采取确保消防用水量不作他用的技术措施（见图1－2、图1－3）。

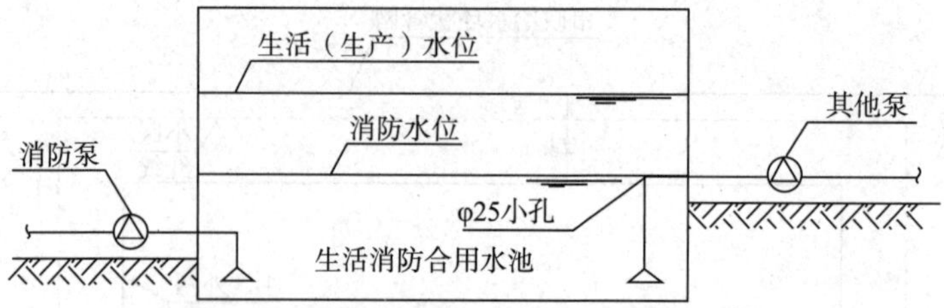

图1-2 消防用水量不作他用的措施（一）

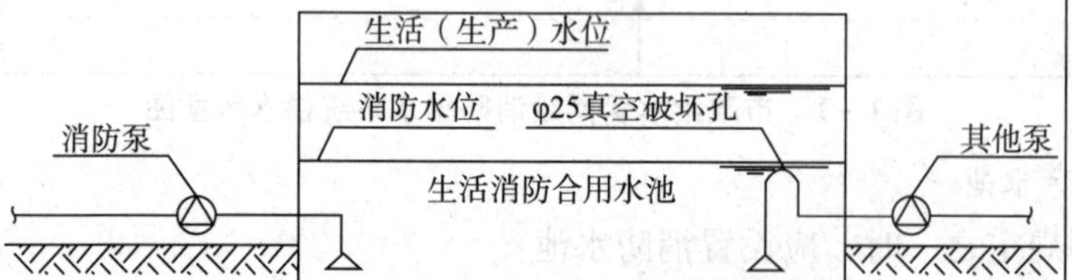

图1-3 消防用水量不作他用的措施（二）

（6）消防水池的出水、排水和水位应符合下列规定：

①消防水池的出水管应保证消防水池的有效容积能被全部利用；

②消防水池应设置就地水位显示装置（见图1-4），并应在消防控制中心或值班室等地点设置显示消防水池水位的装置（见图1-5），同时应有最高和最低报警水位；

③消防水池应设置溢流水管和排水设施，并应采用间接排水（见图1-6）。

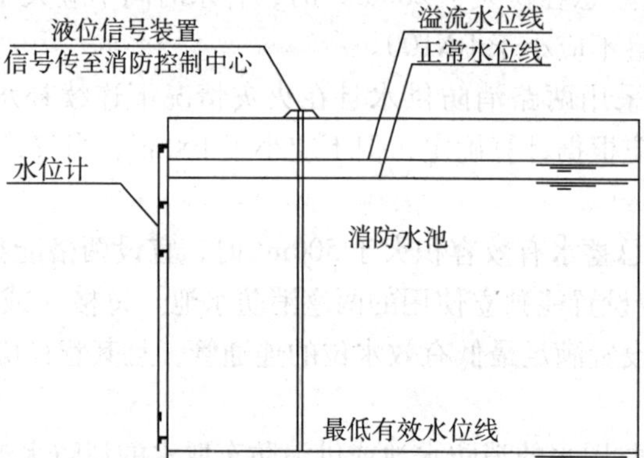

图1-4 消防水池水位计和液位信号装置

（7）消防水池的通气管和呼吸管等应符合下列规定：

①消防水池应设置通气管；

②消防水池通气管、呼吸管和溢流管等应采取防止虫鼠等进入消防水池的技术措施。

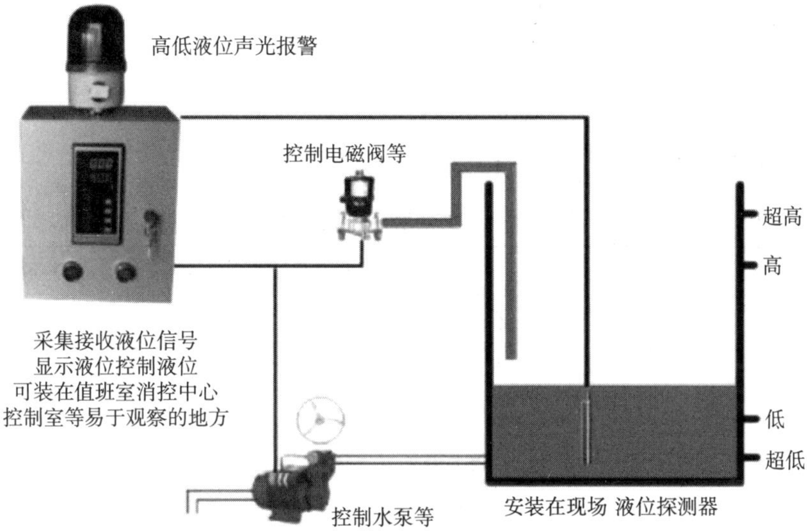

图 1－5　值班室处的消防水池、消防水箱的水位显示装置

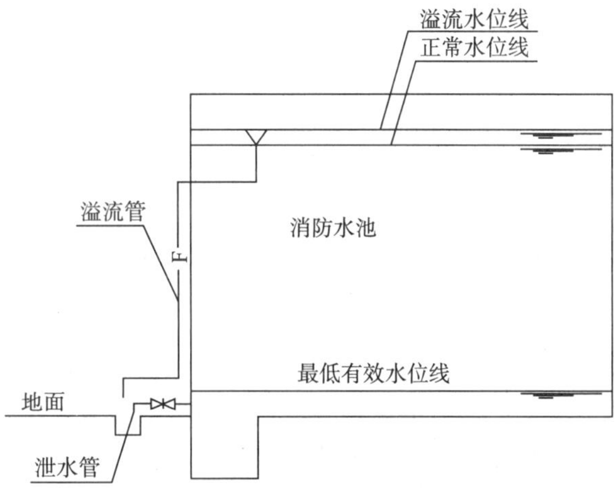

图 1－6　消防水池溢流管和泄水管

2. 消防水池的有效容积。消防水池有效容积的计算应符合下列规定：当市政给水管网能保证室外消防给水设计流量时，消防水池的有效容积应满足在火灾延续时间内室内消防用水量的要求；当市政给水管网不能保证室外消防给水设计流量时，消防水池的有效容积应满足火灾延续时间内室内消防用水量和室外消防用水量不足部分之和的要求。

火灾时消防水池连续补水应符合下列规定：消防水池应采用两路消防给水，且火灾延续时间内的连续补水流量应按消防水池最不利进水管供水量计算。

消防水池的有效容积的计算公式：

$$V = Q_p \times t_1 - Q_b \times t_2$$

式中：V——消防水池的有效容积（m^3）；

Q_p——消火栓、自动喷水灭火系统等水灭火系统的设计流量（m^3/h）；

Q_b——在火灾延续时间内可连续补充的流量（m^3/h）；

t_1——火灾延续时间（h）；

t_2——消防水池的补水时间（h）。

火灾延续时间是指水灭火设施达到设计流量的供水时间。不同场所消火栓系统和固定冷却水系统的火灾延续时间不应小于表1－1的规定。

表1－1　不同场所的火灾延续时间

<table>
<tr><th colspan="3">建筑</th><th>场所与火灾危险性</th><th>火灾延续时间（h）</th></tr>
<tr><td rowspan="10">建筑物</td><td rowspan="4">工业建筑</td><td rowspan="2">仓库</td><td>甲、乙、丙类仓库</td><td>3</td></tr>
<tr><td>丁、戊类仓库</td><td>2</td></tr>
<tr><td rowspan="2">厂房</td><td>甲、乙、丙类厂房</td><td>3</td></tr>
<tr><td>丁、戊类厂房</td><td>2</td></tr>
<tr><td rowspan="3">民用建筑</td><td rowspan="2">公共建筑</td><td>高层建筑中的商业楼、展览楼、综合楼，建筑高度大于50m的财贸金融楼、图书馆、书库、重要的档案楼、科研楼和高级宾馆等</td><td>3</td></tr>
<tr><td>其他公共建筑</td><td>2</td></tr>
<tr><td colspan="2">住宅</td><td>2</td></tr>
<tr><td colspan="2" rowspan="2">人防工程</td><td>建筑面积小于3000m²</td><td>1</td></tr>
<tr><td>建筑面积大于或等于3000m²</td><td>2</td></tr>
<tr><td colspan="3">地下建筑、地铁车站</td><td>2</td></tr>
</table>

自动喷水灭火系统、泡沫灭火系统、水喷雾灭火系统、固定消防炮灭火系统、自动跟踪定位射流灭火系统等水灭火系统的火灾延续时间，应分别按相应规范的有关规定执行。建筑内用于防火分隔的防火分隔水幕和防护冷却水幕的火灾延续时间，不应小于防火分隔水幕和防护冷却水幕设置部位墙体的耐火极限。

例：某高度为60m的一类高层综合楼，设置的水灭火系统和设计流量为：室外消火栓系统40L/s，室内消火栓系统40L/s，全楼设自动喷水灭火系统30L/s，一到三层中庭设大空间智能水炮20L/s，变压器室设水喷雾系统10L/s，中庭防护冷却水幕15L/s，消火栓系统和防护冷却水幕火灾延续时间为3h，其他1h，则消防水池有效容积最少是多少？若消防水池设两路补水，流量分别为$40m^3/h$和$60m^3/h$，则消防水池有效容积最少是多少？室外消火栓用水量也储存到水池中。

解：室外消火栓用水量：$40\times3\times3.6=432m^3$

室内消火栓用水量：$40\times3\times3.6=432m^3$

自动喷水灭火系统用水量：$30\times1\times3.6=108m^3$

大空间智能水炮灭火系统和水喷雾灭火系统的设计流量小于自动喷水灭火系统的设计流量，火灾延续时间相同，因此不再计算，只取自动喷水灭火系统的用水量。

防护冷却水幕用水量：$15\times3\times3.6=162m^3$

消防用水总量为：$432 + 432 + 108 + 162 = 1134m^3$

火灾延续时间内的连续补水量：$3 \times 40 = 120m^3$

消防水池有效容积：$1134 - 120 = 1014m^3$

若不考虑补水，消防水池的有效容积最少 1134m³，在连续补水的情况下，消防水池的有效容积最少 1014m³。

（三）高位消防水池

高位消防水池的最低有效水位应能满足其所服务的水灭火设施所需的工作压力和流量，且其有效容积应满足火灾延续时间内所需消防用水量，并应符合下列规定：

1. 高位消防水池的有效容积、出水、排水和水位，应符合消防水池的相关规定。

2. 高位消防水池的通气管和呼吸管等应符合消防水池的相关规定。

3. 除可一路消防供水的建筑物外，向高位消防水池供水的给水管不应少于两条。

4. 当高层民用建筑采用高位消防水池供水的高压消防给水系统时，高位消防水池储存室内消防用水量确有困难，但火灾时补水可靠，其总有效容积不应小于室内消防用水量的 50%。

5. 高层民用建筑高压消防给水系统的高位消防水池总有效容积大于 200m³ 时，宜设置蓄水有效容积相等且可独立使用的两格；当建筑高度大于 100m 时应设置独立的两座。每格或座应有一条独立的出水管向消防给水系统供水。

6. 高位消防水池设置在建筑物内时，应采用耐火极限不低于 2h 的隔墙和 1.5h 的楼板与其他部位隔开，并应设甲级防火门；且消防水池及其支承框架与建筑构件应连接牢固。

（四）天然水源

利用江、河、湖、海、水库等天然水源作为消防水源时，其设计枯水流量保证率应根据城乡规模和工业项目的重要性、火灾危险性和经济合理性等综合因素确定，宜为 90% ~97%。但村镇的室外消防给水水源的设计枯水流量保证率可根据当地水源情况适当降低。并应采取防止冰凌、漂浮物、悬浮物等物质堵塞消防水泵的技术措施和确保安全取水的措施。当地表水作为室外消防水源时，应采取确保消防车、固定和移动消防水泵在枯水位取水的技术措施；当消防车取水时，最大吸水高度不应超过 6m。

井水等地下水源可作为消防水源。井水作为消防水源向消防给水系统直接供水时，应设置探测水井水位的水位测试装置，其最不利水位应满足水泵吸水要求，其最小出流量和水泵扬程应满足消防要求，且当需要两路消防供水时，水井不应少于两眼，还需考虑抽吸半径不能重叠，尤其表层潜水，每眼井的深井泵的供电均应采用一级供电负荷。

设有消防车取水口的天然水源，应设置消防车到达取水口的消防车道和消防车回车场或回车道。

二、供水设施设备

供水设施设备主要包括消防水泵、高位消防水箱、稳压泵和气压水罐、消防水泵接合器等。

（一）消防水泵

消防水泵是消防给水系统的心脏，用于保证各种水灭火系统的给水压力和流量的要求。消防给水系统中使用的水泵多为离心泵。这里的消防水泵主要是指水灭火系统中的消防给水泵，如消火栓泵、喷淋泵、消防转输泵等。消防水泵可分为卧式消防水泵（见图1－7）、立式消防水泵（见图1－8）。

图1－7　卧式消防水泵

图1－8　立式消防水泵

1. 消防水泵的设置要求。采用临时高压给水系统时应设消防水泵。消火栓给水系统与自动喷水灭火系统宜分别设置消防泵，当自动喷水灭火系统与消火栓系统合用消防水泵时，系统管道应在报警阀前分开。

自动喷水灭火系统设置消防水泵和消防转输泵时均应设置备用泵，备用泵性能应与工作泵性能一致，可按一用一备或二用一备的比例设置备用泵。消防给水及消火栓系统应设置备用泵，其性能应与工作泵性能一致，但下列情况下可不设备用泵：

（1）建筑高度小于54m的住宅和室外消防给水设计流量小于或等于25L/s的建筑；

（2）室内消防给水设计流量小于或等于10L/s的建筑。

2. 消防水泵的选用。

（1）消防水泵的流量和扬程。消防水泵的选择和应用应符合下列规定：

①消防水泵的性能应满足消防给水系统所需流量和压力的要求；

②消防水泵所配驱动器的功率应满足所选水泵流量扬程性能曲线上任何一点运行所需功率的要求；

③当采用电动机驱动的消防水泵时，应选择电动机干式安装的消防水泵；

④流量扬程性能曲线应为无驼峰、无拐点的光滑曲线，零流量时的压力不应大于设计工作压力的140%，且宜大于设计工作压力的120%；

⑤当出流量为设计流量的150%时，其出口压力不应低于设计工作压力的65%；

⑥泵轴的密封方式和材料应满足消防水泵在低流量时运转的要求；

⑦消防给水同一泵组的消防水泵型号宜一致，且工作泵不宜超过3台；

⑧多台消防水泵并联时，应校核流量叠加对消防水泵出口压力的影响。

（2）消防水泵的材质。消防水泵的主要材质应符合下列规定：

①水泵外壳宜为球墨铸铁；

②叶轮宜为青铜或不锈钢。

（3）柴油机消防水泵的有关规定。

①柴油机消防水泵应采用压缩式点火型柴油机；

②柴油机的额定功率应校核海拔高度和环境温度对柴油机功率的影响；

③柴油机消防水泵应具备连续工作的性能，试验运行时间不应小于 24h；

④柴油机消防水泵的蓄电池应保证消防水泵随时自动启泵的要求；

⑤柴油机消防水泵的供油箱应根据火灾延续时间确定，且油箱最小有效容积应按 1.5L/kW 配置，柴油机消防水泵油箱内储存的燃料不应小于 50% 的储量。

3. 消防水泵的串联和并联。在实际工作中，有时需要将水泵并联或串联在管路系统中联合运行，目的在于增加系统中的流量或提高压力。

消防水泵的串联是将一台泵的出水口与另一台泵的吸水管直接连接，且两台泵同时运行。消防泵的串联在流量不变时可增加扬程，故当单台消防泵的扬程不能满足最不利点喷头的水压要求时，系统可采用水泵串联的消防给水系统。消防泵的串联宜采用相同型号、相同规格的消防泵。在控制上，应先开启前面的消防泵，后开启后面（按水流方向）的消防泵。同一泵组，工作泵不宜超过 3 台，在有条件的情况下，应尽量选用多级泵。

消防泵的并联是指由两台或两台以上的消防泵同时向消防给水系统供水。消防泵并联的作用主要在于增大流量，但在流量叠加时，系统的流量会有所下降，选泵时应考虑这种因素。也就是说，并联工作的总流量增加了，但单台消防泵的流量却有所下降，故应适当加大单台消防泵的流量。以一台泵工作流量为 100L/s，当两台水泵并联的流量为 190L/s，比单台泵工作时增加了 90L/s，三台泵并联的总流量为 251L/s，比两台泵并联时增加了 61L/s，四台泵并联的总流量为 284L/s，比三台泵并联增加了 33L/s，五台泵并联的总流量为 300L/s，仅比四台泵并联增加了 16L/s。由此可见，当水泵并联 4 ~ 5 台以上时，增加的流量很小，已经没有意义了，故并联一般不超过 3 台。每台水泵的工况点，随着并联水泵数量的增多，而向扬程高的一侧移动。数量过多就可能使工况点移出高效段范围。所以，是否通过增加并联工作的水泵台数来增加流量，要通过工况分析和计算决定，不能简单地理解为增加水泵数量就能成倍增加流量。

4. 消防水泵的吸水。

（1）消防水泵应采取自灌式吸水。根据离心泵的工作原理，水泵启动时其叶轮必须淹没在水中。为保证消防水泵任何时候都能及时、可靠地启动，消防水泵应采用自灌式吸水。对于卧式消防水泵，消防水池满足自灌式启泵的最低有效水位应高于泵壳顶部的放气孔（见图 1 – 9）。对于立式消防水泵，消防水池满足自灌式启泵的最低有效水位应高于水泵出水管中心线（见图 1 – 10）。

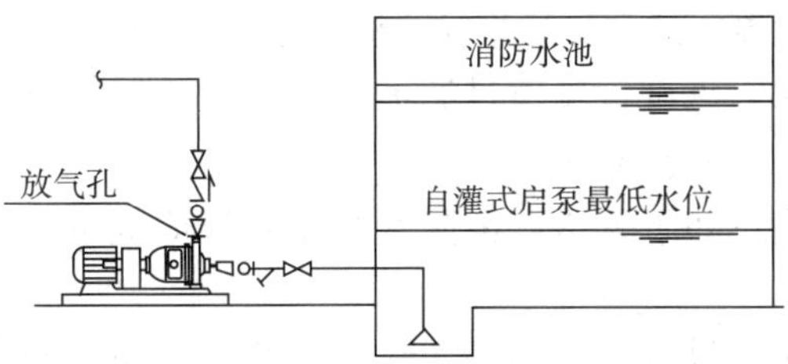

图 1 – 9　卧式消防水泵吸水示意图

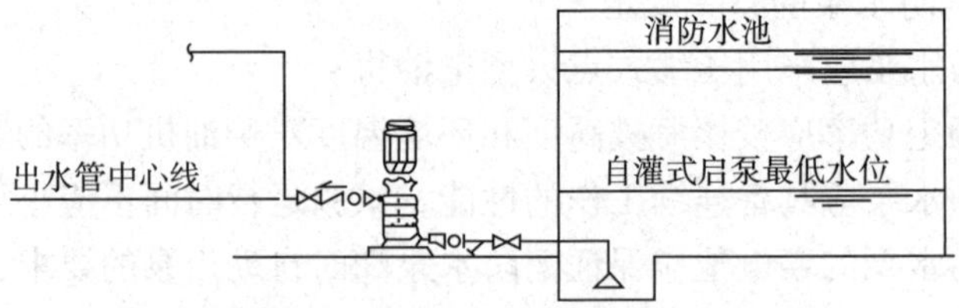

图1-10 立式消防泵吸水示意图

(2) 消防水泵的吸水口。消防水泵吸水口的淹没深度应满足消防水泵在最低水位运行安全的要求，吸水管喇叭口在消防水池最低有效水位下的淹没深度应根据吸水管喇叭口的水流速度和水力条件确定，但不应小于600mm，吸水井的布置应满足井内水流顺畅、流速均匀、不产生涡漩的要求，并应便于安装施工；当吸水口处无吸水井时，吸水口处应设置旋流防止器，当采用旋流防止器时，淹没深度不应小于200mm。

(3) 消防水泵直接从市政管网吸水。消防水泵从市政管网直接抽水时，应在消防水泵出水管上设置有空气隔断的倒流防止器，防止市政管网水源被污染。

当有两路消防供水且允许消防水泵直接从市政管网吸水时，应符合下列规定：

①每一路消防供水应满足消防给水设计流量和火灾时必须保证的其他用水；

②火灾时室外给水管网的压力从地面算起不应小于0.1MPa；

③消防水泵扬程应按室外给水管网的最低水压计算，并应以室外给水的最高水压校核消防水泵的工作工况。

5. 消防水泵吸水管的布置要求。消防水泵吸水管的布置应满足以下要求：

(1) 一组消防水泵，吸水管不应少于两条，当其中一条损坏或检修时，其余吸水管应仍能通过全部消防给水设计流量；

(2) 消防水泵吸水管布置应避免产生气囊和漏气现象，吸水管水平管道变径连接时，应采用偏心异径管件并采用管顶平接的方式；

(3) 消防水泵的吸水管上应设置明杆闸阀或带自锁装置的蝶阀，但当设置暗杆阀门时应设有开启刻度和标志；当管径超过DN300时，宜设置电动阀门；

(4) 消防水泵吸水管的直径小于DN250时，其流速宜为1~1.2m/s；直径大于DN250时，宜为1.2~1.6m/s；

(5) 消防水泵的吸水管穿越外墙时，应采用防水套管；当穿越墙体和楼板时，应加设套管，套管长度不应小于墙体厚度，或应高出楼面或地面50mm；套管与管道的间隙应采用不燃材料填塞，管道的接口不应位于套管内；

(6) 消防水泵的吸水管穿越消防水池时，应采用柔性套管；采用刚性防水套管时应在水泵吸水管上设置柔性接头，且管径不应大于DN150；

(7) 消防水泵吸水管可设置管道过滤器，管道过滤器的过水面积应大于管道过水面积的4倍，且孔径不宜小于3mm。

6. 消防水泵出水管的布置要求。消防水泵出水管应能承受一定的压力，保证不漏水，并满足以下要求：

(1) 一组消防水泵应设不少于两条的输水干管与消防给水环状管网连接，当其中一条输水管检修时，其余输水管应仍能供应全部消防给水设计流量；

（2）消防水泵的出水管上应设止回阀、明杆闸阀；当采用蝶阀时，应带有自锁装置；当管径大于 DN300 时，宜设置电动阀门；

（3）消防水泵出水管的直径小于 DN250 时，其流速宜为 1.5 ~ 2m/s；直径大于 DN250 时，宜为 2 ~ 2.5m/s；

（4）消防水泵的出水管道穿越外墙时，应采用防水套管；当穿越墙体和楼板时，应加设套管，套管长度不应小于墙体厚度，或应高出楼面或地面 50mm；套管与管道的间隙应采用不燃材料填塞，管道的接口不应位于套管内；

（5）消防水泵在关闭时，供水管道中会产生水锤现象，对管道及阀门组件极易造成严重伤害（见图 1 - 11），故在消防水泵出水管上应设置水锤消除装置。当消防水泵供水高度不超过 24m 时，消防水泵出水管上的止回阀宜采用水锤消除止回阀，当消防水泵供水高度超过 24m 时，应采用水锤消除器（见图 1 - 12）。当消防水泵出水管上设有囊式气压水罐时，可不设水锤消除设施。消防水泵停泵时，水锤消除设施后的压力不应超过水泵出口设计工作压力的 1.4 倍。

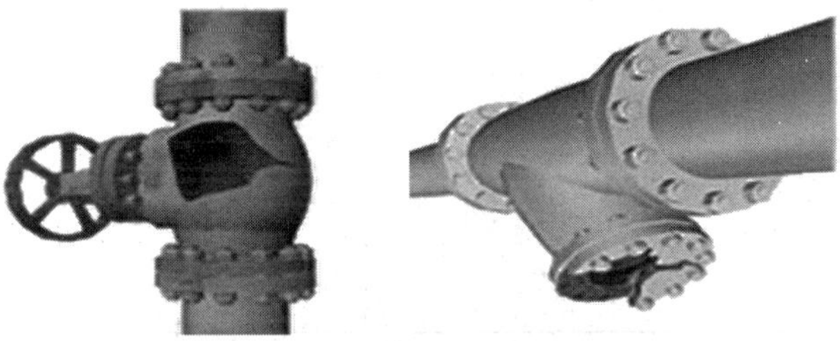

图 1 - 11　水锤所造成的管道破损

图 1 - 12　水锤消除器

7. 消防水泵吸水管和出水管上压力表的设置要求。消防水泵吸水管和出水管上应设置压力表，并应符合下列规定：

（1）消防水泵出水管压力表的最大量程不应低于其设计工作压力的 2 倍，且不应低于 1.6MPa；

（2）消防水泵吸水管宜设置真空表、压力表或真空压力表，压力表的最大量程应根据工程具体情况确定，但不应低于 0.7MPa，真空表的最大量程宜为 -0.1MPa；

（3）压力表的直径不应小于 100mm，应采用直径不小于 6mm 的管道与消防水泵进出口管相接，并应设置关断阀门。

8. 消防水泵的流量和压力测试装置。一组消防水泵应在消防水泵房内设置流量和压力测试装置，并应符合下列规定：

（1）单台消防给水泵的流量不大于 20L/s、设计工作压力不大于 0.5MPa 时，泵组应预留测量用流量计和压力计接口，其他泵组宜设置泵组流量和压力测试装置；

（2）消防水泵流量检测装置的计量精度应为 0.4 级，最大量程的 75% 应大于最大一台消防水泵设计流量值的 175%；

（3）消防水泵压力检测装置的计量精度应为 0.5 级，最大量程的 75% 应大于最大一台消防水泵设计压力值的 165%；

（4）每台消防水泵出水管上应设置 DN65 的试水管，并应采取排水措施。

9. 消防水泵的启动装置及动力装置。

（1）消防水泵的启动装置。

①消防水泵应能手动启停和自动启动。手动控制方式，应将消防水泵控制箱（柜）的启动、停止按钮用专用线路直接连接至设置在消防控制室内的消防联动控制器的手动控制盘，直接手动控制消防水泵的启动、停止。消防水泵的自动启动，应确保从接到启泵信号到水泵正常运转的启动时间不大于2min。消防水泵不应设置自动停泵的控制功能，停泵应由具有管理权限的工作人员根据火灾扑救情况确定。

②消防水泵应由消防水泵出水干管上设置的压力开关、高位消防水箱出水管上的流量开关或报警阀压力开关等开关信号直接自动启动。消防水泵房内的压力开关宜引入消防水泵控制柜内。

③消防水泵、稳压泵应设置就地强制启停泵按钮，并应有保护装置。

④消防水泵应具有机械应急启泵功能（见图1－13）。消防水泵控制柜应设置机械应急启泵功能，并应保证在控制柜内的控制线路发生故障时由有管理权限的人员在紧急时启动消防水泵。机械应急启动时，应确保消防水泵在报警5min内正常工作。

图1－13 消防水泵机械应急启动装置

⑤消防水泵应工频直接启泵，不应采取变频启动方式。当功率较大时，宜采用星三角和自耦降压器启动，不宜采用有源器件启动。火灾时消防水泵应工频运行。

（2）消防水泵的动力装置。消防泵的供电应按《供配电系统设计规范》（GB 50052—2009）的规定进行设计。消防转输泵的供电应符合消防泵的供电要求。消防泵、消防稳压泵及消防转输泵应有不间断的动力供应，也可采用内燃机作为动力装置。消防水泵的双电源自动切换时间不应大于2s，一路电源与内燃机动力的切换时间不应大于15s。

10. 消防水泵控制柜的设置要求。消防水泵控制柜应设置在消防水泵房或专用消防水泵控制室内（见图1－14），并应符合下列要求：

图 1－14　消防水泵控制柜

(1) 消防水泵控制柜在平时应使消防水泵处于自动启泵状态。

(2) 当自动水灭火系统为开式系统，且设置自动启动确有困难时，经论证后消防水泵可设置在手动启动状态，并应确保 24h 有人工值班。

(3) 消防水泵控制柜设置在专用消防水泵控制室时，其防护等级不应低于 IP30；与消防水泵设置在同一空间时，其防护等级不应低于 IP55。

(4) 消防水泵控制柜应采取防止被水淹没的措施。在高温潮湿环境下，消防水泵控制柜内应设置自动防潮除湿的装置。

(5) 消防水泵控制柜前面板的明显部位应设置紧急时打开柜门的装置。

(6) 消防水泵控制柜应有显示消防水泵工作状态和故障状态的输出端子及远程控制消防水泵启动的输入端子。控制柜应具有自动巡检可调、显示巡检状态和信号等功能，且对话界面应有汉语语言，图标应便于识别和操作。

11. 消防水泵房的要求。消防水泵房应符合下列规定：

(1) 独立建造的消防水泵房耐火等级不应低于二级；

(2) 附设在建筑物内的消防水泵房，不应设置在地下三层及以下，或室内地面与室外出入口地坪高差大于 10m 的地下楼层；

(3) 附设在建筑物内的消防水泵房，应采用耐火极限不低于 2h 的防火隔墙和 1.5h 的楼板与其他部位隔开，其疏散门应直通安全出口，且开向疏散走道的门应采用甲级防火门；

(4) 消防水泵房应采取防水淹没的技术措施；

(5) 消防水泵房应设置排水设施；

(6) 严寒、寒冷等冬季结冰地区采暖温度不应低于 10℃，但当无人值守时不应低于 5℃；

(7) 消防水泵房的通风宜按 6 次/h 设计；

(8) 当采用柴油机消防水泵时宜设置独立消防水泵房，并应设置满足柴油机运行的通风、排烟和阻火设施。

（二）高位消防水箱

采用临时高压消防给水系统的建筑物应设置高位消防水箱。设置消防水箱的目的，一是提供系统启动初期的消防用水量和水压，在消防泵出现故障的紧急情况下应急供水，确保喷头开放后立即喷水，以及时控制初期火灾，并为外援灭火争取时间；二是利用高位差为系统提供准工作状态下所需的水压，以达到管道内充水并保持一定压力的目的。

1. 高位消防水箱的设置场所。室内采用临时高压消防给水系统时，高位消防水箱的设置应符合下列规定：

（1）高层民用建筑、总建筑面积大于 10000m^2 且层数超过 2 层的公共建筑和其他重要建筑，必须设置高位消防水箱；

（2）其他建筑应设置高位消防水箱，但当设置高位消防水箱确有困难，且采用安全可靠的消防给水形式时，可不设高位消防水箱，但应设稳压泵；

（3）当市政供水管网的供水能力在满足生产、生活最大小时用水量后，仍能满足初期火灾所需的消防流量和压力时，市政直接供水可替代高位消防水箱。

采用临时高压给水系统的自动喷水灭火系统，当按现行国家标准《消防给水及消火栓系统技术规范》（GB 50974—2014）的规定可不设置高位消防水箱时，系统应设气压供水设备。气压供水设备的有效容积，应按系统最不利处 4 只喷头在最低工作压力下的 5min 用水量确定。干式系统、预作用系统设置的气压供水设备，应同时满足配水管道的充水要求。

2. 高位消防水箱的有效容积。临时高压消防给水系统的高位消防水箱的有效容积应满足初期火灾消防用水量的要求，并应符合下列规定：

（1）一类高层公共建筑，不应小于 36m^3，但当建筑高度大于 100m 时，不应小于 50m^3，当建筑高度大于 150m 时，不应小于 100m^3；

（2）多层公共建筑、二类高层公共建筑和一类高层住宅，不应小于 18m^3，当一类高层住宅建筑高度超过 100m 时，不应小于 36m^3；

（3）二类高层住宅，不应小于 12m^3；

（4）建筑高度大于 21m 的多层住宅，不应小于 6m^3；

（5）工业建筑室内消防给水设计流量当小于或等于 25L/s 时，不应小于 12m^3，大于 25L/s 时不应小于 18m^3；

（6）总建筑面积大于 10000m^2 且小于 30000m^2 的商店建筑，不应小于 36m^3，总建筑面积大于 30000m^2 的商店，不应小于 50m^3，当与本条第 1 款规定不一致时应取其较大值。

3. 高位消防水箱的静压要求。高位消防水箱的设置位置应高于其所服务的水灭火设施，且最低有效水位应满足水灭火设施最不利点处的静水压力，并应按下列规定确定：

（1）一类高层公共建筑，不应低于 0.1MPa，但当建筑高度超过 100m 时，不应低于 0.15MPa；

（2）高层住宅、二类高层公共建筑、多层公共建筑，不应低于 0.07MPa，多层住宅不宜低于 0.07MPa；

（3）工业建筑不应低于0.1MPa，当建筑体积小于20000m^3时，不宜低于0.07MPa；

（4）自动喷水灭火系统等自动水灭火系统应根据喷头灭火需求压力确定，但最小不应小于0.1MPa；

（5）当高位消防水箱不能满足本规定第1～4款的静压要求时，应设稳压泵。

4. 高位消防水箱的常用材质。适合做消防水箱的材料有许多种，最常见的材料有碳素钢板、钢筋混凝土、搪瓷钢板、玻璃钢、不锈钢等（见图1－15～图1－17）。其中搪瓷钢板水箱，水质不受污染，能防止钢板锈蚀，安装方便迅速，不受土建进度的限制，结构合理，坚固美观，不变形，不漏水，适用性强，应用最为广泛。

图1－15　搪瓷钢板水箱

图1－16　玻璃钢水箱

图1－17　不锈钢水箱

5. 高位消防水箱的设置要求。高位消防水箱应满足下列要求：

（1）进水管的管径应满足消防水箱8h充满水的要求，但管径不应小于DN32，进水管宜设置液位阀或浮球阀；

（2）进水管应在溢流水位以上接入，进水管口的最低点高出溢流边缘的高度应等于进水管管径，但最小不应小于100mm，最大不应大于150mm；

（3）溢流管的直径不应小于进水管直径的2倍，且不应小于DN100，溢流管的喇叭口直径不应小于溢流管直径的1.5～2.5倍；

（4）高位消防水箱出水管管径应满足消防给水设计流量的出水要求，且不应小于DN100；

（5）高位消防水箱出水管应位于高位消防水箱最低水位以下，并应设置防止消防用水进入高位消防水箱的止回阀；

(6) 高位消防水箱的进、出水管应设置带有指示启闭装置的阀门。

(三) 稳压泵和气压水罐

对于采用临时高压消防给水系统的高层或多层建筑，当消防水箱设置高度不能满足系统最不利点灭火设备所需的水压要求时，应设置稳压泵。并应设置防止稳压泵频繁启停的技术措施，常采用隔膜式气压水罐。

1. 稳压泵的设置要求。稳压泵是消防给水系统中用于提供系统准工作状态时所需压力的消防泵。消防稳压泵也应设置备用泵，通常按一用一备的原则选用。稳压泵宜采用离心泵，并宜设置单吸单级或单吸多级离心泵，泵外壳和叶轮等主要部件的材质宜采用不锈钢。稳压泵吸水管应设置明杆闸阀，稳压泵出水管应设置消声止回阀和明杆闸阀。

(1) 稳压泵的流量。稳压泵的设计流量应符合下列规定：

①稳压泵的设计流量不应小于消防给水系统管网的正常泄漏量和系统自动启动流量；

②消防给水系统管网的正常泄漏量应根据管道材质、接口形式等确定，当没有管网泄漏量数据时，稳压泵的设计流量宜按消防给水设计流量的1% ~3%计，且不宜小于1L/s；

③消防给水系统所采用报警阀压力开关等自动启动流量应根据产品确定。

(2) 稳压泵的设计压力。稳压泵的设计压力应符合下列要求：

①稳压泵的设计压力应满足系统自动启动和管网充满水的要求；

②稳压泵的设计压力应保持系统自动启泵压力设置点处的压力在准工作状态时大于系统设置自动启泵压力值，且增加值宜为0.07 ~0.1MPa；

③稳压泵的设计压力应保持系统最不利点处水灭火设施在准工作状态时的静水压力应大于0.15MPa。

(3) 稳压泵的控制。稳压泵应由消防给水管网或气压水罐上设置的稳压泵自动启停泵压力开关或压力变送器控制。同时稳压泵应设置就地强制启停泵按钮，并应有保护装置。

2. 气压水罐的设置要求。实际运行中，由于各种原因，稳压泵常常频繁启动，不但泵易损坏，而且对整个管网系统和电网系统不利。因此，稳压泵常与小型气压罐配合使用（见图1-18)。当采用气压水罐时，其调节容积应根据稳压泵启泵次数不大于15次/h计算确定，但有效储水容积不宜小于150L。

图1-18　稳压泵与气压水罐构成稳压设备

（1）气压水罐的工作原理。气压水罐（见图 1－19），在气压罐内设定的 p_1、p_2、p_{s1}、p_{s2} 四个压力控制点中，p_1 为气压罐的最小设计工作压力，p_2 为消防水泵启动压力，p_{s1} 为稳压泵启动压力，p_{s2} 为稳压泵停止压力。当罐内压力为 p_{s2} 时，消防给水管网处于较高工作压力状态，稳压泵和消防水泵均处于停止状态；随着管网渗漏或由于其他原因引起的泄压的情况出现，当罐内压力从 p_{s2} 降至 p_{s1} 时，电接点压力表或压力开关自动启动稳压泵，向气压水罐补水直到罐内压力增加到 p_{s2} 时，稳压泵停止工作。若建筑发生火灾，随着灭火设备出水，气压水罐内储水量减少，压力下降，当压力从 p_{s2} 降至 p_{s1} 时，稳压泵自动启动，但稳压泵流量较小，气压水罐内的水压继续下降到 p_2 时，消防水泵启动并向管网供水，同时联动稳压泵停止运转，在消防水泵达到正常工况前，气压水罐继续向灭火设备提供所需的水量和水压。

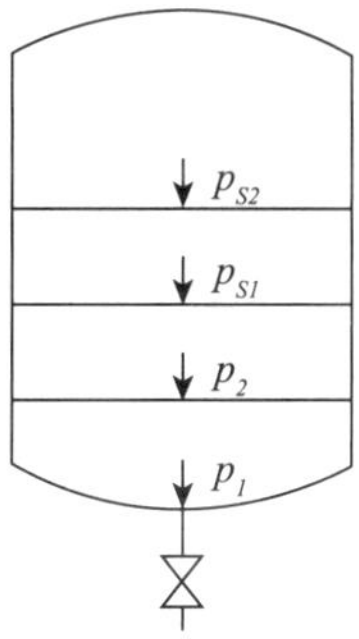

图 1－19　气压水罐的工作原理图

（2）气压水罐的工作压力。气压水罐的最小设计工作压力应满足系统最不利点灭火设备所需的水压要求。

（四）消防水泵接合器

消防水泵接合器是供消防车向消防给水管网输送消防用水的预留接口。它既可用于补充消防水量，也可用于提高消防给水管网的水压。在发生火灾的情况下，当建筑物内的消防水泵发生故障或室内消防用水不足时，消防车从室外取水，通过水泵接合器将水送到室内消防给水管网，供灭火使用。

1. 水泵接合器的分类。水泵接合器按照安装位置，分为三类：地上式水泵接合器（见图 1－20）、地下式水泵接合器（见图 1－21）和墙壁式水泵接合器（见图 1－22）。

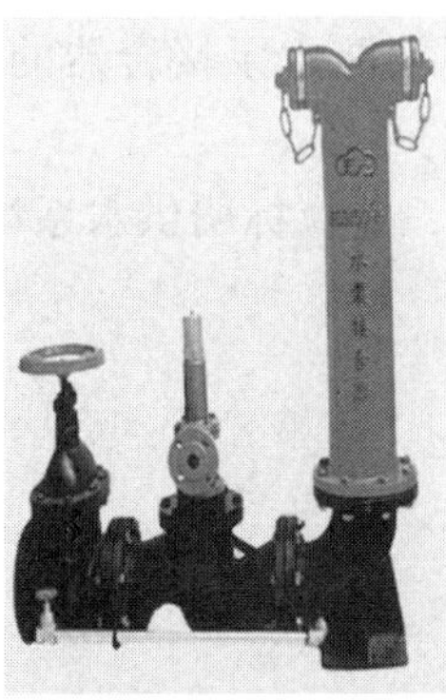

图 1－20　地上式水泵接合器

图 1－21　地下式水泵接合器

图 1－22　墙壁式水泵接合器

2. 水泵接合器的设置场所。

（1）室内消火栓系统。下列场所的室内消火栓给水系统应设置消防水泵接合器：

①高层民用建筑；

②设有消防给水的住宅、超过5层的其他多层民用建筑；

③超过2层或建筑面积大于10000m^2的地下或半地下建筑（室）、室内消火栓设计流量大于10L/s平战结合的人防工程；

④高层工业建筑和超过4层的多层工业建筑；

⑤城市交通隧道。

（2）其他水灭火系统。自动喷水灭火系统、水喷雾灭火系统、泡沫灭火系统和固定消防炮灭火系统等水灭火系统，均应设置消防水泵接合器。

3. 水泵接合器的组成。消防水泵接合器由接口、本体、连接管、止回阀、安全阀、放水阀、控制阀等组成。在室外从水泵接合器接口给水时，安全阀起到保护系统的作用，以防补水压力超过系统的额定压力对管网造成损伤；水泵接合器设有止回阀，以防止系统管网中的水从水泵接合器处流出，为考虑安全阀和止回阀检修的需要，还应设置检修阀；放水阀具有泄水的作用，用于防冻。

4. 水泵接合器的设置要求。

（1）消防水泵接合器的给水流量宜按每个10~15L/s计算。每种水灭火系统的消防水泵接合器设置的数量应按系统设计流量经计算确定，但当计算数量超过3个时，可根据供水可靠性适当减少。

（2）临时高压消防给水系统向多栋建筑供水时，消防水泵接合器应在每座建筑附近就近设置。

（3）消防水泵接合器的供水范围，应根据当地消防车的供水流量和压力确定。

（4）消防给水为竖向分区供水时，在消防车供水压力范围内的分区，应分别设置水泵接合器；当建筑高度超过消防车供水高度时，消防给水应在设备层等方便操作的地点设置手抬泵或移动泵接力供水的吸水和加压接口。

（5）水泵接合器应设在室外便于消防车使用的地点，且距室外消火栓或消防水池的距离不宜小于15m，并不宜大于40m。

（6）墙壁消防水泵接合器的安装高度距地面宜为0.7m；与墙面上的门、窗、孔、洞的净距离不应小于2m，且不应安装在玻璃幕墙下方；地下消防水泵接合器的安装，应使进水口与井盖底面的距离不大于0.4m，且不应小于井盖的半径。

（7）水泵接合器处应设置永久性标志铭牌（见图1-23），并应标明供水系统、供水范围和额定压力。

> 工程名称：×××××××
> 供水系统：低区消火栓系统
> 供水范围：地下三层至地上十层
> 接合器额定压力：1MPa
> 系统设计流量：30L/s
> 系统工作压力：0.92MPa

图 1-23 水泵接合器永久性标志铭牌样式示范

三、消防给水管网

（一）消防水系统常用管材、管件及连接方式

1. 常用管材。普通镀锌焊接钢管最大工作压力 1MPa，加厚镀锌焊接钢管最大工作压力 1.6MPa，普通铸铁管最大工作压力 1MPa，球墨铸铁管一般工作压力介于 1MPa 到 1.6MPa 时选用，镀锌无缝钢管工作压力可以达到 1.6MPa 以上。

消防给水管当采用埋地管道时宜采用球墨铸铁管、钢丝网骨架塑料复合管和加强防腐的钢管等管材，室内外架空管道应采用热浸锌镀锌钢管等金属管材，并应按下列因素对管道的综合影响，合理选择管材和设计管道。系统工作压力、覆土深度、土壤的性质、管道的耐腐蚀能力可能受到土壤、建筑基础、机动车和铁路以及管道穿越伸缩缝与沉降缝等其他附加荷载的影响，且应满足下列要求：

（1）埋地管道当系统工作压力不大于 1.2MPa 时，宜采用球墨铸铁管或钢丝网骨架塑料复合管给水管道；当系统工作压力大于 1.2MPa 小于 1.6MPa 时，宜采用钢丝网骨架塑料复合管、加厚钢管和无缝钢管；当系统工作压力大于 1.6MPa 时，宜采用无缝钢管。

（2）埋地金属管道的管顶覆土应符合下列规定：

①管道最小管顶覆土应按地面荷载、埋深荷载和冰冻线对管道的综合影响确定；

②管道最小管顶覆土不应小于 0.7m；但当在机动车道下时管道最小管顶覆土应经计算确定，并不宜小于 0.9m；

③管道最小管顶覆土应至少在冰冻线以下 0.3m。

（3）埋地管道采用钢丝网骨架塑料复合管时应符合下列规定：

①钢丝网骨架塑料复合管的聚乙烯（PE）原材料不应低于 PE80；

②钢丝网骨架塑料复合管的内环向应力不应低于 8MPa；

③钢丝网骨架塑料复合管的复合层应满足静压稳定性和剥离强度的要求；

④管材及连接管件应采用同一品牌产品，连接方式应采用可靠的电熔连接或机械连接；

⑤钢丝网骨架塑料复合管道最小管顶覆土深度，在人行道下不宜小于 0.8m，在轻型车行道下不应小于 1m，且应在冰冻线下 0.3m；在重型汽车道路或铁路、高速公路下应设置保护套管，套管与钢丝网骨架塑料复合管的净距不应小于 100mm。

（4）架空管道当系统工作压力小于等于 1.2MPa 时，可采用热浸锌镀锌钢管；当系

统工作压力大于 1. 2MPa 时，应采用热浸镀锌加厚钢管或热浸镀锌无缝钢管；当系统工作压力大于 1. 6MPa 时，应采用热浸镀锌无缝钢管。

自动喷水灭火系统的配水管道可采用内外壁热镀锌钢管、涂覆钢管、铜管、不锈钢管和氯化聚氯乙烯（PVC－C）管。当报警阀入口前管道采用不防腐的钢管时，应在报警阀前设置过滤器。配水管道的工作压力不应大于 1. 2MPa，并不应设置其他用水设施。自动喷水灭火系统采用氯化聚氯乙烯（PVC－C）管材及管件时，设置场所的火灾危险等级应为轻危险级或中危险级Ⅰ级，系统应为湿式系统，并采用快速响应洒水喷头，且氯化聚氯乙烯（PVC－C）管材及管件应符合下列要求：

①应符合现行国家标准《自动喷水灭火系统　第 19 部分　塑料管道及管件》（GB/T 5135. 19—2010）的规定；

②应用于公称直径不超过 DN80 的配水管及配水支管，且不应穿越防火分区；

③当设置在有吊顶场所时，吊顶内应无其他可燃物，吊顶材料应为不燃或难燃装修材料；

④当设置在无吊顶场所时，该场所应为轻危险级场所，顶板应为水平、光滑顶板，且喷头溅水盘与顶板的距离不应大于 100mm。

2. 常用连接方式。目前消防管道工程常用的连接方式有螺纹连接、焊接连接、法兰连接连接、沟槽式连接、卡压连接、承插连接等。

（1）螺纹连接（见图 1－24），螺纹连接用于低压流体输送用焊接钢管及外径可以攻螺纹的无缝钢管的连接，在消防上，当管径小于等于 DN50 时，可采用螺纹连接。由于螺纹齿表面较为粗糙，无法密封，易渗漏，必须借助填料（聚四氟乙烯生料带、麻丝等）。

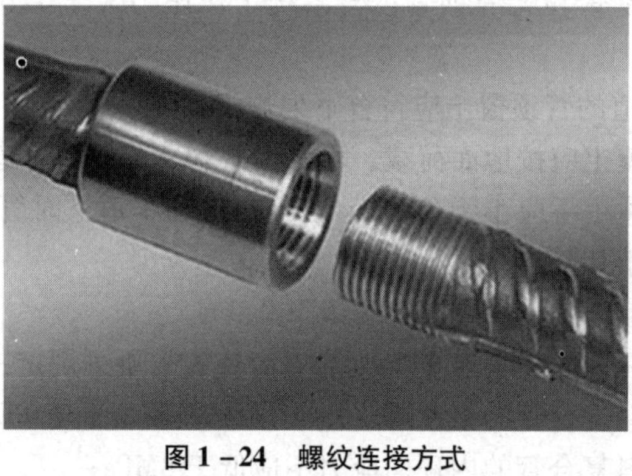

图 1－24　螺纹连接方式

（2）焊接连接（见图 1－25），焊接连接是管道工程中非常重要的连接方式。其主要优点是接口牢固耐久，不易渗漏，接头强度和严密性高，使用后不需要经常管理。钢管的焊接方式有很多种，有气焊、手工电弧焊、氩弧焊、埋弧焊等。由于电焊焊缝强度比气焊高，并且比气焊经济，因此优先采用电焊焊接。但焊接连接属于不可拆卸的连接方式，且焊接连接会破坏防腐层。

图 1-25　焊接连接

（3）法兰连接（见图 1-26、图 1-27），法兰连接就是把两个管道、管件或器材，先各自固定在一个法兰盘上，两个法兰之间，加上法兰垫片，用螺栓紧固在一起的连接方式。法兰连接是一种可拆卸的连接，连接拆卸方便，故得到广泛应用。但管径越大，造价越高。按法兰与管道的固定方式分为螺纹法兰、焊接法兰、松套法兰等。

图 1-26　法兰连接

图 1-27　法兰片

（4）沟槽式连接（见图 1-28），沟槽式连接件（见图 1-29）是一个卡箍，卡箍通过它的环形凸边嵌入管子上的环形沟槽来实现管道连接，也称卡箍连接。沟槽式连接是一种可拆卸的自紧式密封结构的连接。这种连接方式具有不破坏钢管镀锌层、施工快捷、密封性好、便于拆卸等优点，应用最为广泛。

图 1-28　沟槽式连接

图 1-29　沟槽式连接件

（5）卡压连接（见图1－30），卡压式管件端部的承口内装有特制的橡胶密封圈，安装时将管插入承口管件至定位台阶位置，用专用的卡压工具卡住承口部位进行挤压。橡胶密封圈受挤压后起密封作用，卡压部位管件和管材同时收缩变形，呈六角形状，起到定位固定作用，从而有效地实现了管道的连接。卡压式连接的基本原理就是：通过橡胶O形圈的径向收缩抱紧实现渗漏保护。经过专用的卡压工具将管材管件卡压呈六角形，实现抗旋转；卡压部位变形，中间小两头大，实现抗拉拔，试验证明卡压式连接的耐压可达到35kg以上。卡压式连接隐蔽部位减少“活接头”，增加“死接头”，防止各种震动等环境影响留下漏水隐患。

卡压式连接无须绞牙、无须焊接、无须热熔，而是使用高精度的专业工具，瞬间完成连接，操作安全卫生，管件内壁与管材几乎等口径，没有阻水口，体现了高技术产品的先进操作工艺。

图1－30 卡压连接

（6）承插连接（见图1－31），消防上多用于铸铁管的连接。承插连接是将管道一段做成承口，另一段做成插口，安装时按照承口迎向介质流动方向的方式，将插口插入承口，并用填料密封。

埋地给水管道采用钢管时，连接方式宜采用沟槽连接件（卡箍）和法兰，当采用沟槽连接件连接时，公称直径小于等于DN250的沟槽式管接头系统工作压力不应大于2.5MPa，公称直径大于或等于DN300的沟槽式管接头系统工作压力不应大于1.6MPa。

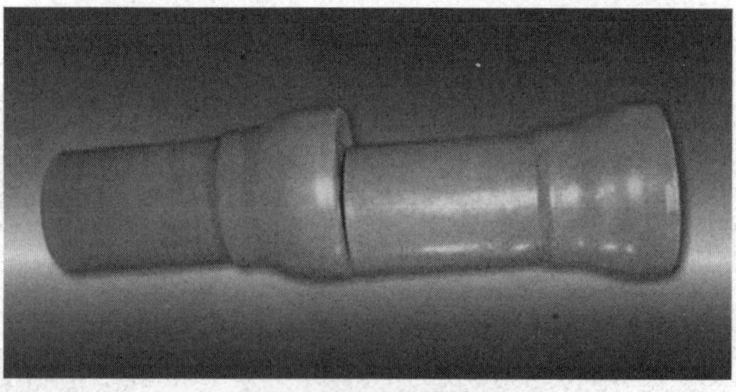

图1－31 承插连接

自动喷水灭火系统配水管道的连接方式应符合下列要求：

①镀锌钢管、涂覆钢管可采用沟槽式连接件（卡箍）、螺纹或法兰连接，当报警阀前采用内壁不防腐钢管时，可焊接连接；

②铜管可采用钎焊、沟槽式连接件（卡箍）、法兰和卡压等连接方式；

③不锈钢管可采用沟槽式连接件（卡箍）、法兰、卡压等连接方式，不宜采用焊接；

④氯化聚氯乙烯（PVC－C）管材、管件可采用粘接连接，氯化聚氯乙烯（PVC－C）管材、管件与其他材质管材、管件之间可采用螺纹、法兰或沟槽式连接件（卡箍）连接；

⑤铜管、不锈钢管、氯化聚氯乙烯（PVC－C）管应采用配套的支架、吊架；

⑥系统中直径等于或大于100mm的管道，应分段采用法兰或沟槽式连接件（卡箍）连接。水平管道上法兰间的管道长度不宜大于20m；立管上法兰间的距离，不应跨越3个及以上楼层。净空高度大于8m的场所内，立管上应有法兰。

3. 常用管件。消防管道常用连接管件有90°弯头和45°弯头（见图1－32）、异径接头（见图1－33）、补芯（见图1－34）、活接头（见图1－35）、三通（见图1－36）、四通（见图1－37）、机械三通（见图1－38）、机械四通（见图1－39）等。其中弯头用于管网转向；异径接头也称大小头，用于管道变径，分为同心异径接头和偏心异径接头。采用沟槽连接件连接管道变径和转弯时，宜采用沟槽式异径管件和弯头；当需要采用补芯时，三通上可用一个，四通上不应超过二个；公称直径大于50mm的管道不宜采用活接头。

三通和四通用于管道分流。配水干管（立管）与配水管（水平管）连接，应采用沟槽式管件，不应采用机械三通；机械三通和机械四通在使用时，需要在管道上开孔，为了保证管道的强度，开孔需要保持一定的间距。根据《消防给水及消火栓系统技术规范》（GB 50974—2014）规定，机械三通开孔间距不应小于1m，机械四通开孔间距不应小于2m。根据《自动喷水灭火系统施工及验收规范》（GB 50261—2017）规定，机械三通连接时，机械三通开孔间距不应小于500mm，机械四通开孔间距不应小于1000mm。

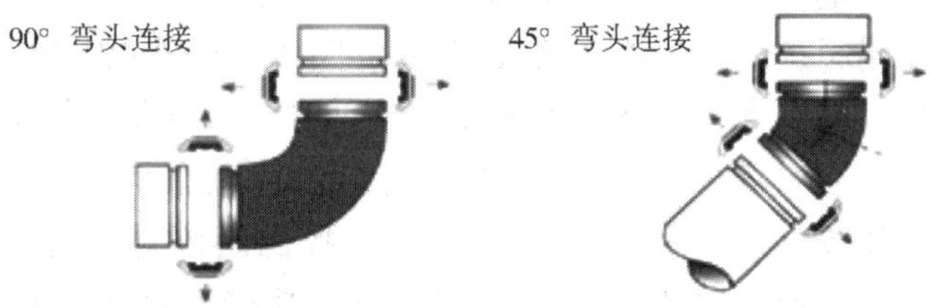

图1－32　90°弯头和45°弯头

图1－33　异径接头（大小头）

图 1 – 34　补芯

图 1 – 35　活接头

图 1 – 36　三通

图 1 – 37　四通

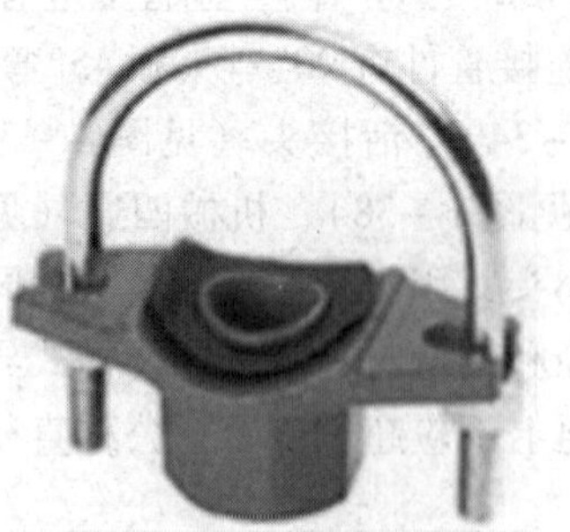

图 1 – 38　机械三通

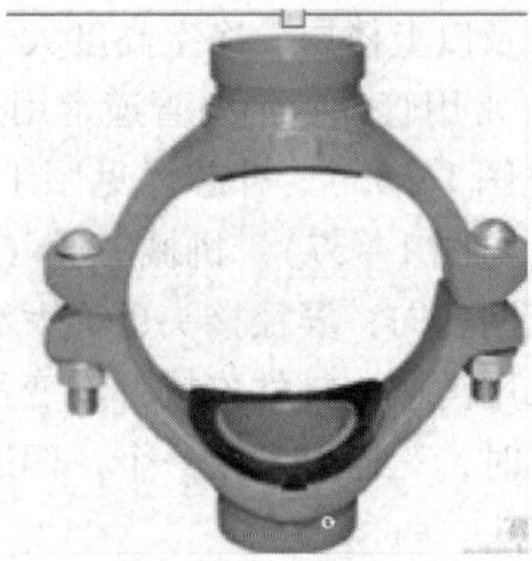

图 1 – 39　机械四通

（二）通用阀门

1. 截断阀。截断阀主要用于接通或截断管路中流动的介质，如闸阀、蝶阀、截止阀等（见图 1 – 40 ~ 1 – 43）。消防水系统中常用截断阀可分为两类：消防供水控制阀和功能控制阀。消防供水控制阀，如水源控制阀及安装在配水管网中的区域控制阀，报警阀组进出口的控制阀。功能控制阀，如试验放水阀、手动应急阀、末端试水阀、放水阀、溢流阀、试警铃阀、传动腔供水阀等。供水控制阀分散布置，有的隐蔽性强、管理难、操作难、误操作率高，且后果严重，断水或节流，对火场危害大，故规定：阀门应保持常开，并应有明显的启闭标志和信号，经常采用信号阀，供水控制阀公称直径较大，最小都在 DN50。功能控制阀依附于功能装置安装，便于操作，易于管理，可以通过日常试验来辨别异常。功能控制阀公称直径小，一般不超过 DN32。

消防给水系统的阀门选择应符合下列规定：

（1）埋地管道的阀门宜采用带启闭刻度的暗杆闸阀，当设置在阀门井内时可采用耐腐蚀的明杆闸阀；

（2）室内架空管道的阀门宜采用蝶阀、明杆闸阀或带启闭刻度的暗杆闸阀等；

（3）室外架空管道宜采用带启闭刻度的暗杆闸阀或耐腐蚀的明杆闸阀；

（4）埋地管道的阀门应采用球墨铸铁阀门，室内架空管道的阀门应采用球墨铸铁或不锈钢阀门，室外架空管道的阀门应采用球墨铸铁阀门或不锈钢阀门。

图 1－40　暗杆闸阀

图 1－41　明杆闸阀

图 1－42　蝶阀

图 1－43　截止阀

2. 安全阀。安全阀（见图 1－44）又叫自动泄压阀，是自动阀门。当设备或封闭管段超压时，依靠介质本身的压力排放出一定量的介质，以防压力超过预定的安全值发生危险。当容器或管路在正常压力下运行时，应保持严密不漏，确保系统有足够的工作压力和喷水强度，确保系统管路维持正常压力。当容器或管路发生超压时，能自动迅速释放介质，维持系统压力在允许范围内。在消防系统中，可能发生超压需安装安全阀的部位，如消防水泵、消防水泵接合器等设备处。

图 1－44　安全阀

3. 减压阀。减压阀（见图 1－45）是靠膜片、弹簧、活塞等敏感元件改变阀瓣与阀座间的间隙，把进口压力减至需要的出口压力，并依靠介质本身的能量，使出口压力自动保持恒定。减压阀既可以减动压，又可以减静压。消防系统中减压阀的设置应符合下列规定：

图 1－45　减压阀

（1）减压阀应设置在报警阀组入口前，当连接两个及以上报警阀组时，应设置备用减压阀；

（2）减压阀的进口处应设置过滤器，过滤器的孔网直径不宜小于 4～5 目/cm^2，过流面积不应小于管道截面积的 4 倍；

（3）过滤器和减压阀前后应设压力表，压力表的表盘直径不应小于 100mm，最大量程宜为设计压力的 2 倍；

（4）过滤器前和减压阀后应设置控制阀门；

（5）减压阀后应设置压力试验排水阀；

（6）减压阀应设置流量检测测试接口或流量计；

（7）垂直安装的减压阀，水流方向宜向下；

（8）比例式减压阀宜垂直安装，可调式减压阀宜水平安装；

（9）减压阀和控制阀门宜有保护或锁定调节配件的装置；

（10）接减压阀的管段不应有气堵、气阻。

4. 止回阀。止回阀（见图 1－46），又叫单向阀，指依靠介质本身流动而自动开、闭阀瓣，用来防止介质倒流的自动阀门。在消防水系统中，不允许水倒流时需安装单向阀，如高位消防水箱的出水管，水泵的出水管等。消防水泵出水管上的止回阀宜采用水锤消除止回阀，当消防水泵供水高度超过 24m 时，应采用水锤消除器。当消防水泵出水管上设有囊式气压水罐时，可不设水锤消除设施。

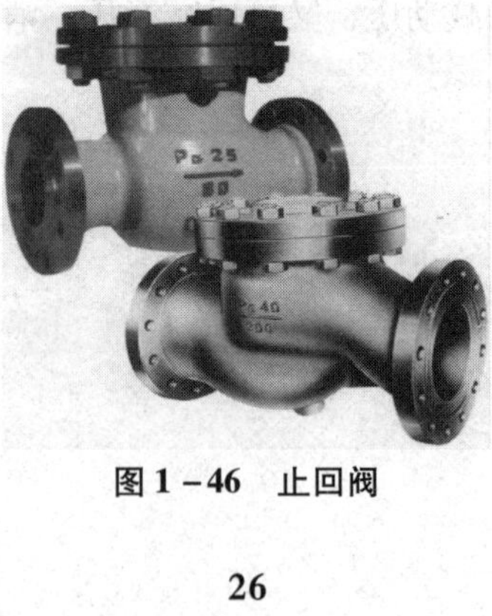

图 1－46　止回阀

（三）室外消防给水管道

一是室外消防给水采用两路消防供水时，应布置成环状，但当采用一路消防供水时，可布置成枝状。

二是向环状管网输水的进水管不应少于两条，当其中一条发生故障时，其余进水管应仍能满足消防用水总量的供给要求。

三是消防给水管道应采用阀门分成若干独立段，每段内室外消火栓的数量不宜超过5个。

四是管道的直径应根据流量、流速和压力要求经计算确定，但不应小于DN100，有条件的应不小于DN150。

（四）室内消防给水管道

室内消防给水管网应符合下列规定：

1. 室内消火栓系统管网应布置成环状，当室外消火栓设计流量不大于20L/s，且室内消火栓不超过10个时，除下列情况外，可布置成枝状。

（1）向两栋或两座及以上建筑供水时；

（2）向两种及以上水灭火系统供水时；

（3）采用设有高位消防水箱的临时高压消防给水系统时；

（4）向两个及以上报警阀控制的自动水灭火系统供水时。

2. 当由室外生产生活消防合用系统直接供水时，合用系统除应满足室外消防给水设计流量以及生产和生活最大小时设计流量的要求外，还应满足室内消防给水系统的设计流量和压力要求。

3. 室内消防管道管径应根据系统设计流量、流速和压力要求经计算确定；室内消火栓竖管管径应根据竖管最低流量经计算确定，但不应小于DN100。

4. 室内消火栓环状给水管道检修时应符合下列规定：

（1）室内消火栓竖管应保证检修管道时关闭停用的竖管不超过1根，当竖管超过4根时，可关闭不相邻的2根；

（2）每根竖管与供水横干管相接处应设置阀门。

5. 室内消火栓给水管网宜与自动喷水等其他水灭火系统的管网分开设置；当合用消防泵时，供水管路沿水流方向应在报警阀前分开设置。

（五）分区供水

符合下列条件时，消防给水系统应分区供水：

一是系统工作压力大于2.4MPa；

二是消火栓栓口处静压大于1MPa；

三是自动水灭火系统报警阀处的工作压力大于1.6MPa或喷头处的工作压力大于1.2MPa。

分区供水形式应根据系统压力、建筑特征，经技术经济和安全可靠性等综合因素确定，可采用消防水泵并行或串联、减压水箱和减压阀减压的形式，但当系统的工作压力大于2.4MPa时，应采用分区消防水泵串联、消防水泵并行直接给水、分区减压水箱给水、分区减压阀减压给水等方式。

1. 分区消防水泵串联给水方式。采用消防水泵串联分区供水时，宜采用消防水泵转输水箱串联供水方式（见图1－47），并应符合下列规定：

（1）当采用消防水泵转输水箱串联时，转输水箱的有效储水容积不应小于$60m^3$，转输水箱可作为高位消防水箱；

（2）串联转输水箱的溢流管宜连接到消防水池；

（3）当采用消防水泵直接串联时，应采取确保供水可靠性的措施，且消防水泵从低区到高区应能依次顺序启动；

（4）当采用消防水泵直接串联时，应校核系统供水压力，并应在串联消防水泵出水管上设置减压型倒流防止器。

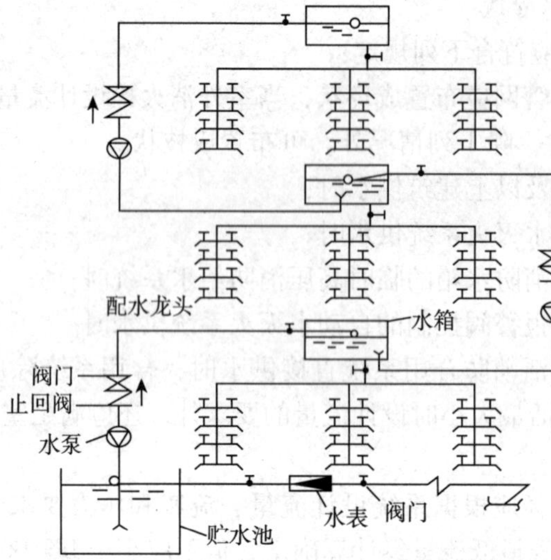

图1－47　分区消防水泵转输水箱串联给水方式

2. 消防水泵并行直接给水方式。分区供水时，各供水分区按各自流量和压力分别独立设置消防水泵的给水方式（见图1－48）。

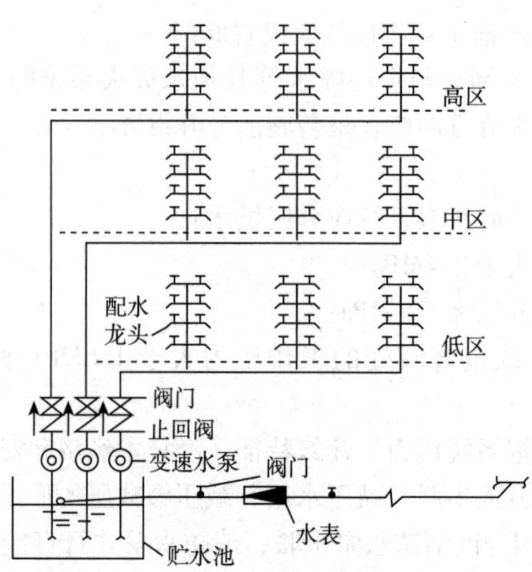

图1－48　消防水泵并行直接给水方式

3. 分区减压水箱给水方式。采用分区减压水箱供水时（见图 1－49），应符合下列规定：

（1）减压水箱的有效容积、出水、排水、水位和设置场所，应符合有关高位消防水箱的规定；

（2）减压水箱的布置和通气管、呼吸管等，应符合有关高位消防水箱的规定；

（3）减压水箱的有效容积不应小于 $18m^3$，且宜分为两格；

（4）减压水箱应有两条进、出水管，且每条进、出水管应满足消防给水系统所需消防用水量的要求；

（5）减压水箱进水管的水位控制应可靠，宜采用水位控制阀；

（6）减压水箱进水管应设置防冲击和溢水的技术措施，并宜在进水管上设置紧急关闭阀门，溢流水宜回流到消防水池。

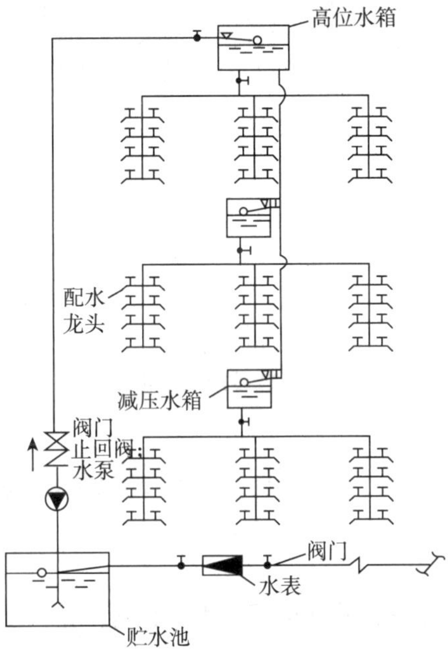

图 1－49　分区减压水箱给水方式

4. 分区减压阀减压给水方式。采用分区减压阀减压供水时（见图 1－50），应符合下列规定：

（1）消防给水所采用的减压阀性能应安全可靠，并应满足消防给水的要求；

（2）减压阀应根据消防给水设计流量和压力选择，且设计流量应在减压阀流量压力特性曲线的有效段内，并校核在 150% 设计流量时，减压阀的出口动压不应小于设计值的 65%；

（3）每一供水分区应设不少于两组减压阀组，每组减压阀组宜设置备用减压阀；

（4）减压阀仅应设置在单向流动的供水管上，不应设置在有双向流动的输水干管上；

（5）减压阀宜采用比例式减压阀，当超过 1.2MPa 时，宜采用先导式减压阀；

（6）减压阀的阀前阀后压力比值不宜大于 3∶1，当一级减压阀减压不能满足要求时，可采用减压阀串联减压，但串联减压不应大于两级，第二级减压阀宜采用先导式减压阀，阀前后压力差不宜超过0.4MPa；

（7）减压阀后应设置安全阀，安全阀的开启压力应能满足系统安全，且不应影响系统的供水安全性。

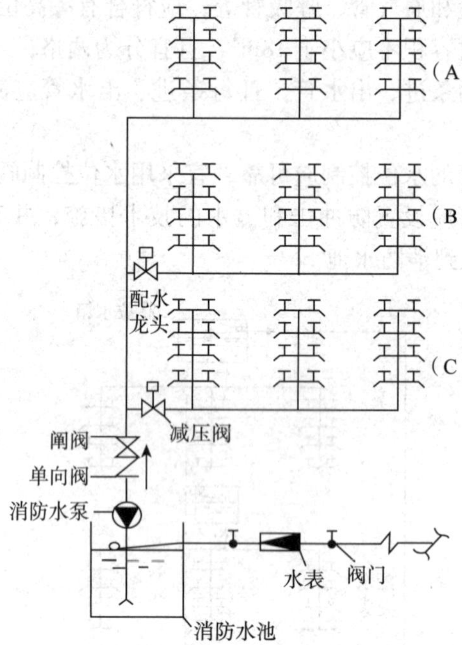

图1-50　减压阀减压给水方式

模块二　消防给水系统的施工

项目一　安装前设备进场检查与准备工作

一、施工前的准备工作

消防给水及消火栓系统的施工必须由具有相应等级资质的施工队伍承担。施工应按批准的工程设计文件和施工技术标准进行，并应按设计要求编制施工方案或施工组织设计。施工现场应具有相应的施工技术标准、施工质量管理体系和工程质量检验制度，并应按《消防给水及消火栓系统技术规范》（GB 50974—2014）要求填写有关记录。

1. 消防给水及消火栓系统施工前应具备下列条件：

（1）施工图应经国家相关机构审查审核批准或备案后再施工；

（2）平面图、系统图（展开系统原理图）、详图等图纸及说明书、设备表、材料表等技术文件应齐全；

（3）设计单位应向施工、建设、监理单位进行技术交底；

（4）系统主要设备、组件、管材管件及其他设备、材料，应能保证正常施工；

（5）施工现场及施工中使用的水、电、气应满足施工要求。

2. 消防给水及消火栓系统工程的施工过程质量控制，应按下列规定进行：

（1）应校对审核图纸复核是否同施工现场一致；

（2）各工序应按施工技术标准进行质量控制，每道工序完成后，应进行检查，并应检查合格后再进行下道工序；

（3）相关各专业工种之间应进行交接检验，并应经监理工程师签证后再进行下道工序；

（4）安装工程完工后，施工单位应按相关专业调试规定进行调试；

（5）调试完工后，施工单位应向建设单位提供质量控制资料和各类施工过程质量检查记录；

（6）施工过程质量检查组织应由监理工程师组织施工单位人员组成；

（7）施工过程质量检查记录应按《消防给水及消火栓系统技术规范》（GB 50974—2014）要求填写。

二、设备设施进场检查

（一）消防水泵

1. 消防水泵的外观质量要求。

（1）所有铸件外表面不应有明显的结疤、气泡、砂眼等缺陷；

（2）泵体以及各种外露的罩壳、箱体均应喷涂大红漆，涂层质量应符合相关规定；

（3）消防水泵的形状尺寸和安装尺寸应与提供的安装图样相符；

（4）铭牌上标注的泵的型号、名称、特性应与设计说明一致。

2. 消防水泵的材料要求。

（1）水泵外壳宜为球墨铸铁，水泵叶轮宜为青铜或不锈钢；

（2）泵体、泵轴、叶轮等的材质应符合要求。

3. 消防水泵的结构要求。

（1）泵的结构形式应保证易于现场维修和更换零件，紧固件及自锁装置不应因振动等原因而产生松动；

（2）消防泵体上应铸出表示旋转方向的箭头；

（3）泵应设置放水旋塞，放水旋塞应处于泵的最低位置以便排尽泵内余水。

4. 消防水泵的机械性能要求。

（1）消防水泵的型号与设计型号一致，泵的流量、扬程、功率符合设计要求和国家现行有关标准的规定；

（2）轴封处密封良好，无线状泄漏现象。

5. 消防水泵控制柜的要求。

（1）消防水泵控制柜的控制功能满足设计要求；

（2）控制柜体端正，表面应平整，涂层颜色均匀一致，无眩光，并符合现行国家标准的有关规定，且控制柜外表面没有明显的磕碰伤痕和变形掉漆；

（3）控制柜面板设有电源电压、电流、水泵启停状况及故障的声光报警等显示；

（4）控制柜导线的规格和颜色符合现行国家标准的有关规定；

（5）面板上的按钮、开关、指示灯应易于操作和观察且有功能标示，并符合现行国家标准的有关规定；

（6）控制柜内的电气元件及材料应符合现行国家产品标准的有关规定，并安装合理，其工作位置符合产品使用说明书的规定；

（7）有可靠的双电源或双回路电源条件；

（8）机械应急开关合理；

（9）IP 等级符合设计要求。

（二）消防稳压设施

为防止消防稳压泵频繁启动，一般应设气压水罐。各部件技术要求如下：

1. 消防气压水罐的质量要求。

（1）罐体外表面没有明显的结疤、气泡、砂眼等缺陷。

（2）罐体以及各种外露的罩壳、箱体均涂大红漆。涂层质量应符合相关规定。

（3）消防气压水罐的型号与设计型号一致，工作压力不低于规定压力，流量应符合规定要求。

（4）气压水罐的设计、材料、制造、检验与检验报告描述相符。

（5）气压水罐有效容积、气压、水位及工作压力符合设计要求；气压水罐应有水位指示器；气压水罐上的安全阀、压力表、泄水管、压力控制仪表等应符合产品使用说明书的要求。

（6）气压水罐的出水口公称直径按流量计算确定。应急消防气压给水设备其公称直径不宜小于100mm，出水口处应设有防止消防用水倒流进罐的措施。

2. 消防稳压泵的质量要求。

（1）消防稳压泵的泵体、电动机外观无瑕疵，油漆完整，形状尺寸和安装尺寸与提供的安装图样相符；

（2）稳压泵的型号、规格、流量和扬程符合设计要求，并应有产品合格证和安装使用说明；

（3）泵体、泵轴、叶轮等的材质应符合要求。

（三）消防水泵接合器

消防水泵接合器的检查方法和技术要求如下：

1. 查看消防水泵接合器的外观是否有瑕疵，油漆是否完整，形状尺寸和安装尺寸与提供的安装图样是否相符；

2. 对照设计文件查看选择的消防水泵接合器的型号、名称是否准确、一致；

3. 查看消防水泵接合器的设置条件是否具备，其设置位置是否在室外便于消防车接近和使用的地点；

4. 检查消防水泵接合器的外形与室外消火栓是否雷同，以免混淆而延误灭火；

5. 检查消防水泵接合器组件（包括单向阀、安全阀、控制阀、放水阀等）是否齐全。

项目二　系统安装

一、消防水池和消防水箱的安装要求

1. 消防水池、消防水箱应设置于便于维护、通风良好、不结冰、不受污染的场所。在寒冷的场所，消防水箱应采取保温措施或在水箱间设置采暖措施（室内温度或水温不应低于5℃）。

2. 消防水池和消防水箱出水管或水泵吸水管应满足最低有效水位出水不掺气的技术要求。

3. 安装时池外壁与建筑本体结构墙面或其他池壁之间的净距，应满足施工、装配和检修的需要。

4. 钢筋混凝土制作的消防水池和消防水箱的进出水等管道应加设防水套管，钢板等制作的消防水池和消防水箱的进出水等管道宜采用法兰连接，对有振动的管道应加设柔性接头。组合式消防水池或消防水箱的进水管、出水管接头宜采用法兰连接，采用其他连接时应做防锈处理。

5. 消防水池、消防水箱的溢流管、泄水管不应与生产或生活用水的排水系统直接相连，应采用间接排水方式。

二、消防水泵的安装要求

1. 消防水泵安装前要对水泵进行手动盘车，检查其灵活性。

2. 消防水泵安装前应复核消防水泵之间，以及消防水泵与墙或其他设备之间的间距，并应满足安装、运行和维护管理的要求。

3. 消防水泵吸水管上的控制阀应在消防水泵固定于基础上后再进行安装，其直径不应小于消防水泵吸水口直径，且不应采用没有可靠锁定装置的控制阀，控制阀应采用沟槽式或法兰式阀门。

4. 当消防水泵和消防水池位于独立的两个基础上且相互为刚性连接时，吸水管上应加设柔性连接管。

5. 吸水管水平管段上不应有气囊和漏气现象。变径连接时，应采用偏心异径管件并应采用管顶平接。

6. 消防水泵出水管上应安装消声止回阀、控制阀和压力表；系统的总出水管上还应安装压力表和压力开关；安装压力表时应加设缓冲装置。压力表和缓冲装置之间应安装旋塞；压力表量程在没有设计要求时，应为系统工作压力的2~2.5倍。

7. 消防水泵的隔振装置、进出水管柔性接头的安装应符合设计要求，并应有产品说明和安装使用说明。

三、消防稳压设施的安装

（一）气压水罐的安装要求

1. 气压水罐有效容积、气压、水位及设计压力应符合设计要求。

2. 气压水罐安装位置和间距、进水管及出水管方向应符合设计要求；出水管上应设止回阀。

3. 气压水罐宜有有效水容积指示器。

4. 气压水罐安装时其四周要设检修通道，其宽度不宜小于0.7m，消防气压给水设备顶部至楼板或梁底的距离不宜小于0.6m；消防气压水罐的布置应合理、紧凑。

5. 当气压水罐设置在非采暖房间时，应采取有效措施防止结冰。

（二）稳压泵的安装要求

稳压泵的规格、型号、流量和扬程应符合设计要求，并应有产品合格证和安装使用说明书。

四、消防水泵接合器的安装要求

1. 消防水泵接合器的安装，应按接口、本体、连接管、止回阀、安全阀、放空管、控制阀的顺序进行，止回阀的安装方向应使消防用水能从消防水泵接合器进入系统，整体式消防水泵接合器的安装，应按其使用安装说明书进行。

2. 消防水泵接合器的设置位置应符合设计要求。

3. 消防水泵接合器永久性固定标志应能识别其所对应的消防给水系统或水灭火系统，当有分区时应有分区标识。

4. 地下消防水泵接合器应采用铸有“消防水泵接合器”标志的铸铁井盖，并应在其附近设置指示其位置的永久性固定标志。

5. 墙壁式消防水泵接合器的安装应符合设计要求。设计无要求时，其安装高度距地面宜为0.7m；与墙面上的门、窗、孔、洞的净距离不应小于2m，且不应安装在玻璃幕墙下方。

6. 地下消防水泵接合器的安装，应使进水口与井盖底面的距离不大于0.4m，且不应小于井盖的半径。

7. 消防水泵接合器与消防通道之间不应设有妨碍消防车加压供水的障碍物。

8. 地下消防水泵接合器井的砌筑应有防水和排水措施。

五、管网的试压和冲洗

消防给水管网施工完成后，要进行试压和冲洗，并应符合下列要求：

1. 管网安装完毕后，应对其进行强度试验、冲洗和严密性试验。

2. 强度试验和严密性试验宜用水进行，干式消火栓系统应做水压试验和气压试验；

3. 系统试压完成后，应及时拆除所有临时盲板及试验用的管道，并应与记录核对无误。

4. 管网冲洗应在试压合格后分段进行。冲洗顺序应先室外，后室内；先地下，后地上；室内部分的冲洗应按供水干管、水平管和立管的顺序进行。

5. 系统试压前应具备下列条件：

（1）埋地管道的位置及管道基础、支墩等经复查应符合设计要求；

（2）试压用的压力表不应少于2支；精度不应低于1.5级，量程应为试验压力值的1.5～2倍；

（3）试压冲洗方案已经批准；

（4）对不能参与试压的设备、仪表、阀门及附件应加以隔离或拆除；加设的临时盲板应具有突出于法兰的边耳，且应做明显标志，并记录临时盲板的数量。

6. 系统试压过程中，当出现泄漏时，应停止试压，并应放空管网中的试验介质，消除缺陷后，应重新再试。

7. 管网冲洗宜用水进行。冲洗前，应对系统的仪表采取保护措施。

8. 冲洗前，应对管道防晃支架、支吊架等进行检查，必要时应采取加固措施。

9. 对不能经受冲洗的设备和冲洗后可能存留脏物、杂物的管段，应进行清理。

10. 冲洗管道直径大于DN100时，应对其死角和底部进行振动，但不应损伤管道。

11. 水压试验和水冲洗宜采用生活用水进行，不应使用海水或含有腐蚀性化学物质的水。

12. 压力管道水压强度试验的试验压力见表1－2的规定。

表1－2　压力管道水压强度试验的试验压力

管材类型	系统工作压力P（MPa）	试验压力（MPa）
钢管	≤1	1.5P，且不应小于1.4
	>1	P+0.4
球墨铸铁管	≤0.5	2P
	>0.5	P+0.5
钢丝网骨架塑料管	P	1.5P，且不应小于0.8

13. 水压强度试验的测试点应设在系统管网的最低点。对管网注水时，应将管网内的空气排净，并应缓慢升压，达到试验压力后，稳压30min后，管网应无泄漏、无变形，且压力降不应大于0.05MPa。

14. 水压严密性试验应在水压强度试验和管网冲洗合格后进行。试验压力应为系统工作压力，稳压24h，应无泄漏。

15. 水压试验时环境温度不宜低于5℃，当低于5℃时，水压试验应采取防冻措施。

16. 消防给水系统的水源干管、进户管和室内埋地管道应在回填前单独或与系统同时进行水压强度试验和水压严密性试验。

17. 气压严密性试验的介质宜采用空气或氮气，试验压力应为0.28MPa，且稳压24h，压力降不应大于0.01MPa。

18. 管网冲洗的水流流速、流量不应小于系统设计的水流流速、流量；管网冲洗宜分区、分段进行；水平管网冲洗时，其排水管位置应低于冲洗管网。

19. 管网冲洗的水流方向应与灭火时管网的水流方向一致。

20. 管网冲洗应连续进行。当出口处水的颜色、透明度与入口处水的颜色、透明度基本一致时，冲洗可结束。

21. 管网冲洗宜设临时专用排水管道，其排放应畅通和安全。排水管道的截面面积不应小于被冲洗管道截面面积的60%。

22. 管网的地上管道与地下管道连接前，应在管道连接处加设堵头后，对地下管道进行冲洗。

23. 管网冲洗结束后，应将管网内的水排除干净。

24. 干式消火栓系统管网冲洗结束，管网内水排除干净后，宜采用压缩空气吹干。

项目三　系统的调试与检测验收

一、系统调试

消防给水系统调试应在系统施工完成后进行，并应具备下列条件：

1. 天然水源取水口、地下水井、消防水池、高位消防水池、高位消防水箱等蓄水和供水设施水位、出水量、已储水量等符合设计要求；

2. 消防水泵、稳压泵和稳压设施等处于准工作状态；

3. 系统供电正常，若柴油机泵油箱应充满油并能正常工作；

4. 消防给水系统管网内已经充满水；

5. 系统自动控制处于准工作状态；

6. 减压阀和阀门等处于正常工作位置。

（一）消防水源调试

消防水源调试和测试应符合下列要求：

1. 按设计要求核实高位消防水箱、高位消防水池、消防水池的容积，高位消防水池、高位消防水箱设置高度应符合设计要求；消防储水应有不作他用的技术措施。当有江河湖海、水库和水塘等天然水源作为消防水源时应验证其枯水位、洪水位和常水位的流量符合设计要求。地下水井的常水位、出水量等应符合设计要求。

2. 消防水泵直接从市政管网吸水时，应测试市政供水的压力和流量能否满足设计要求的流量。

3. 应按设计要求核实消防水泵接合器的数量和供水能力，并应通过消防车车载移动泵供水进行试验验证。

4. 应核实地下水井的常水位和设计抽升流量时的水位。

（二）消防水泵调试

消防水泵调试应符合下列要求：

1. 以自动直接启动或手动直接启动消防水泵时，消防水泵应在55s内投入正常运行，且应无不良噪声和振动；

2. 以备用电源切换方式或备用泵切换启动消防水泵时，消防水泵应分别在1min或2min内投入正常运行；

3. 消防水泵安装后应进行现场性能测试，其性能应与生产厂商提供的数据相符，并应满足消防给水设计流量和压力的要求；

4. 消防水泵零流量时的压力不应超过设计工作压力的140%；当出流量为设计工作

流量的150%时，其出口压力不应低于设计工作压力的65%。

（三）稳压泵调试

稳压泵应按设计要求进行调试，并应符合下列规定：

1. 当达到设计启动压力时，稳压泵应立即启动；当达到系统停泵压力时，稳压泵应自动停止运行；稳压泵启停应达到设计压力要求；

2. 能满足系统自动启动要求，且当消防主泵启动时，稳压泵应停止运行；

3. 稳压泵在正常工作时每小时的启停次数应符合设计要求，且不应大于15次/h；

4. 稳压泵启停时系统压力应平稳，且稳压泵不应频繁启停。

二、系统检测验收

系统竣工后，必须进行工程验收，验收应由建设单位组织质检、设计、施工、监理参加，验收不合格不应投入使用。

系统验收时，施工单位应提供下列资料：

1. 竣工验收申请报告、设计文件、竣工资料；

2. 消防给水及消火栓系统的调试报告；

3. 工程质量事故处理报告；

4. 施工现场质量管理检查记录；

5. 消防给水及消火栓系统施工过程质量管理检查记录；

6. 消防给水及消火栓系统质量控制检查资料。

（一）消防水源的检测验收

消防水源的检测验收应符合下列要求：

1. 应检查室外给水管网的进水管管径及供水能力，并应检查高位消防水箱、高位消防水池和消防水池等的有效容积和水位测量装置等应符合设计要求；对照图样，用测量工具检查水池容量是否符合要求，观察有无补水、防冻等消防用水的保证措施，测量取水口的高度和位置是否符合技术要求，查看溢流管、泄水管的安装位置是否正确。对消防水箱而言，需测量水箱的容积、安装标高及位置是否符合技术要求；查看水箱的进水管、出水管、溢流管、泄水管、水位指示器、单向阀、水箱补水及增压措施是否符合技术要求；查看管道与水箱之间的连接方式及管道穿楼板或墙体时的保护措施；敞口水箱装满水静置24h后观察，若不渗不漏，则敞口水箱的满水试验合格；而封闭水箱在试验压力下保持10min，压力不降、不渗不漏则封闭水箱的水压试验合格。检查水箱溢流管和泄水管应设置在排水地点附近，但不得与排水管直接连接。

2. 当采用地表天然水源作为消防水源时，其水位、水量、水质等应符合设计要求。

3. 应根据有效水文资料检查天然水源枯水期最低水位、常水位和洪水位时确保消防用水应符合设计要求。

4. 应根据地下水井抽水试验资料确定常水位、最低水位、出水量和水位测量装置等技术参数和装备应符合设计要求。

（二）消防水泵的检测验收

消防水泵的检测验收应符合下列要求：

1. 消防水泵运转应平稳，应无不良噪声的振动；

2. 工作泵、备用泵、吸水管、出水管及出水管上的泄压阀、水锤消除设施、止回阀、信号阀等的规格、型号、数量，应符合设计要求；吸水管、出水管上的控制阀应锁定在常开位置，并应有明显标记；

3. 消防水泵应采用自灌式引水方式，并应保证全部有效储水被有效利用；

4. 分别开启系统中的每一个末端试水装置、试水阀和试验消火栓，水流指示器、压力开关、压力开关（管网）、高位消防水箱流量开关等信号的功能，均应符合设计要求；

5. 打开消防水泵出水管上试水阀，当采用主电源启动消防水泵时，消防水泵应启动正常；关掉主电源，主、备电源应能正常切换；备用泵启动和相互切换正常；消防水泵就地和远程启停功能应正常；

6. 消防水泵停泵时，水锤消除设施后的压力不应超过水泵出口设计工作压力的1.4倍；

7. 消防水泵启动控制应置于自动启动挡；

8. 采用固定和移动式流量计和压力表测试消防水泵的性能，水泵性能应满足设计要求。

（三）消防水池、高位消防水池和高位消防水箱的检测验收

消防水池、高位消防水池和高位消防水箱的检测验收应符合下列要求：

1. 设置位置应符合设计要求；

2. 消防水池、高位消防水池和高位消防水箱的有效容积、水位、报警水位等，应符合设计要求；

3. 进出水管、溢流管、排水管等应符合设计要求，且溢流管应采用间接排水；

4. 管道、阀门和进水浮球阀等应便于检修，人孔和爬梯位置应合理；

5. 消防水池吸水井、吸（出）水管喇叭口等设置位置应符合设计要求。

（四）稳压泵的检测验收

稳压泵的检测验收应符合下列要求：

1. 稳压泵的型号性能等应符合设计要求；

2. 稳压泵的控制应符合设计要求，并应有防止稳压泵频繁启动的技术措施；

3. 稳压泵在1h内的启停次数应符合设计要求，并不宜大于15次/h；

4. 稳压泵供电应正常，自动手动启停应正常；关掉主电源，主、备电源应能正常切换；

5. 气压水罐的有效容积以及调节容积应符合设计要求，并应满足稳压泵的启停要求。

（五）气压水罐的检测验收

气压水罐的检测验收应符合下列要求：

1. 气压水罐的有效容积、调节容积和稳压泵启泵次数应符合设计要求；

2. 气压水罐气侧压力应符合设计要求。

（六）消防水泵接合器的检测验收

消防水泵接合器的检测验收应符合下列要求：

1. 消防水泵接合器数量及进水管位置应符合设计要求；

2. 消防水泵接合器应采用消防车车载消防水泵进行充水试验，且供水最不利点的压力、流量应符合设计要求；

3. 当有分区供水时应确定消防车的最大供水高度和接力泵的设置位置的合理性。

消防给水系统的竣工验收判定条件应按《消防给水及消火栓系统技术规范》（GB 50974—2014）的要求执行，按规范项目缺陷划分为严重缺陷项（A）、重缺陷项（B）和轻缺陷项（C），系统工程质量验收判定条件为：A = 0，且 B≤2，且 B + C≤6 为合格；否则，验收评定为不合格。

模块三　消防给水系统的维护管理

消防给水系统的维护管理是确保系统正常完好、有效使用的基本保障。维护管理人员应经过消防专业培训，熟悉掌握消防给水系统的相关原理、性能和操作维护方法。

项目一　消防水源的维护管理

消防水源的维护管理应符合下列规定：

1. 每季度应监测市政给水管网的压力和供水能力；

2. 每年应对天然河湖等地表水消防水源的常水位、枯水位、洪水位，以及枯水位流量或蓄水量等进行一次检测；

3. 每年应对水井等地下水消防水源的常水位、最低水位、最高水位和出水量等进行一次测定；

4. 每月应对消防水池、高位消防水池、高位消防水箱等消防水源设施的水位等进行一次检测；消防水池（箱）玻璃水位计两端的角阀在不进行水位观察时应关闭；

5. 在冬季每天应对消防储水设施进行室内温度和水温检测，当结冰或室内温度低于5℃时，应采取确保不结冰和室温不低于5℃的措施；

6. 每年应检查消防水池、消防水箱等蓄水设施的结构材料是否完好，发现问题时应及时处理；

7. 永久性地表水天然水源消防取水口应有防止水生生物繁殖的管理技术措施。

项目二　消防供水设施的维护管理

一、消防水泵和稳压设施的维护管理

1. 每月应手动启动消防水泵运转一次，并应检查供电电源的情况；

2. 每周应模拟消防水泵自动控制的条件自动启动消防水泵运转一次，且应自动记录自动巡检情况，每月应检测记录；

3. 每日应对稳压泵的停泵启泵压力和启泵次数等进行检查和记录运行情况；

4. 每日应对柴油机消防水泵的启动电池的电量进行检测，每周应检查储油箱的储油量，每月应手动启动柴油机消防水泵运行一次；

5. 每季度应对消防水泵的出流量和压力进行一次试验；

6. 每月应对气压水罐的压力和有效容积等进行一次检测。

二、消防水泵接合器的维护管理

每季度应对消防水泵接合器的接口及附件进行一次检查，并应保证接口完好、无渗漏、闷盖齐全。

项目三　给水管网的维护管理

1. 每月应对电动阀和电磁阀的供电、启闭性能进行检测；

2. 系统上所有的控制阀门均应采用铅封或锁链固定在开启或规定的状态，每月应对铅封、锁链进行一次检查，当有破坏或损坏时应及时修理更换；

3. 每季度应对室外阀门井中，进水管上的控制阀门进行一次检查，并应核实其处于全开启状态；

4. 每天应对水源控制阀、报警阀组进行外观检查，并应保证系统处于无故障状态；

5. 在市政供水阀门处于完全开启状态时，每月应对倒流防止器的压差进行检测，且应符合国家现行标准《减压型倒流防止器》（GB/T 25178—2010）、《低阻力倒流防止器》（JB/T 11151—2011）和《双止回阀倒流防止器》（CJ/T 160—2010）等的有关规定。

本章小结

本章主要介绍了消防给水系统的分类、系统的组成、系统组件的设置要求、系统的施工调试、检测验收和维护管理的内容。

消防给水系统按水压分类：高压消防给水系统，临时高压消防给水系统，低压消防给水系统。

消防给水系统主要由消防水源、供水设施设备和给水管网等构成。可以作为消防水源的有市政给水、消防水池、高位消防水池、天然水源等，并宜采用市政给水。供水设施设备主要包括消防水泵、高位消防水箱、稳压泵和气压水罐、消防水泵接合器等。

消防给水系统的施工必须由具有相应等级资质的施工队伍承担。检测验收和维护管理也是保障系统正常发挥作用的重要环节，必须严格按规范进行。消防给水系统工程质量验收判定条件为：$A=0$，且 $B\leqslant 2$，且 $B+C\leqslant 6$ 为合格；否则，验收评定为不合格。

实　训

实训一：水泵接合器的安装使用

1. 目的：通过实训，使学生学会水泵接合器的安装和使用。
2. 内容：
(1）认识水泵接合器的组件；
(2）水泵接合器的安装；
(3）水泵接合器的使用。
3. 方法与步骤：
(1）认识水泵接合器的组件；
(2）学习规范要求；
(3）水泵接合器的安装操作；
(4）水泵接合器的使用。
4. 注意事项：注意组件的安装顺序，止回阀的安装方向；实训过程中注意安全。

实训二：阀门的压力强度试验

1. 目的：通过实训，使学生学会做阀门的压力强度试验。
2. 内容：
(1）认识阀门的结构；
(2）使用加压泵或喷头水压密封强度试验台；
(3）阀门压力强度试验。
3. 方法与步骤：
(1）认识阀门的结构；
(2）学习规范要求；
(3）复习使用加压泵；
(4）进行阀门压力强度试验。
4. 注意事项：实训过程中注意安全。

实训三：系统管件的安装

1. 目的：通过实训，使学生学会常用系统管件的安装。
2. 内容：
(1）认识常用系统管件；
(2）学习各种管件的使用环境和选择；
(3）各种管件的安装。
3. 方法与步骤：
(1）认识常用系统管件；

（2）卡箍的安装；
（3）法兰的安装；
（4）90°和45°弯头的安装；
（5）正三通、机械三通、正四通、机械四通等的安装。
4. 注意事项：注意管件的安装步骤和使用场合；实训过程中注意安全。

实训四：供水设施检测

1. 目的：通过实训，使学生掌握供水设施的组成和检测。
2. 内容：
（1）供水设施的组成；
（2）供水设施的检测。
3. 方法与步骤：
（1）认识供水设施；
（2）复习供水设施的作用；
（3）学习规范要求；
（4）供水设施的检测。
4. 注意事项：注意正确填表；实训过程中注意安全。

练习题

1. 消防给水系统如何分类？
2. 消防水泵有哪些设置要求？
3. 消防给水系统验收的判定标准是什么？

第二章 消火栓灭火系统

学习目标

1. 熟悉室内外消火栓系统的工作原理。
2. 掌握室内外消火栓系统的设置要求及设置场所。
3. 掌握室内外消火栓系统的安装调试与检测验收的程序及维护管理的方法。

模块一 消火栓的组成与设置要求

消火栓系统分为市政消火栓、室外消火栓系统和室内消火栓系统。

项目一 市政消火栓与室外消火栓的组成与设置要求

市政消火栓系统设置在市政给水管网上，室外消火栓系统设置在建筑外，两者都采用室外消火栓。市政消火栓系统和室外消火栓系统的任务是通过室外消火栓为消防车等消防设备提供消防用水，或通过进户管为室内消防给水设备提供消防用水，也可以直接连接水带、水枪出水灭火。

一、系统组成和设置范围

（一）系统组成和分类

室外消火栓给水系统由消防水源、消防供水设备、室外消防给水管网和室外消火栓灭火设施组成。

室外消火栓按其安装场所可分为地上式室外消火栓和地下式消火栓两种（见图2－1），地上式又分为湿式室外消火栓和干式室外消火栓。地上湿式室外消火栓适用于气温较高的地区，地上干式室外消火栓和地下式室外消火栓适用于气温较寒冷的地区。

图 2-1　室外消火栓

室外消火栓按其进水口的公称直径可分为 100mm 和 150mm 两种。进水口公称直径为 100mm 的消火栓，其吸水管出水口应选用规格为 100mm 的消防接口，水带出水口应选用规格为 65mm 的消防接口。进水口公称直径为 150mm 的消火栓，其吸水管出水口应选用规格为 150mm 的消防接口，水带出水口应选用规格为 80mm 的消防接口。

（二）系统设置范围

1. 城镇（包括居住区、商业区、开发区、工业区等）应沿可通行消防车的街道设置市政消火栓系统。

2. 民用建筑、厂房、仓库、储罐（区）和堆场周围应设置室外消火栓系统。

3. 用于消防救援和消防车停靠的屋面上，应设置室外消火栓系统。

4. 耐火等级不低于二级且建筑体积不大于 3000m^3 的戊类厂房，居住区人数不超过 500 人且建筑层数不超过两层的居住区，可不设置室外消火栓系统。

二、系统设置要求

（一）市政消火栓

1. 市政消火栓宜采用地上式室外消火栓；在严寒、寒冷等冬季结冰地区宜采用干式地上式室外消火栓，严寒地区宜增置消防水鹤。当采用地下式室外消火栓，地下消火栓井的直径不宜小于 1.5m，且当地下式室外消火栓的取水口在冰冻线以上时，应采取保温措施。

2. 市政消火栓宜采用直径 DN150 的室外消火栓，并应符合下列要求。

（1）室外地上式消火栓应有一个直径为 150mm 或 100mm 和两个直径为 65mm 的栓口；

（2）室外地下式消火栓应有直径为 100mm 和 65mm 的栓口各一个。

3. 市政消火栓宜在道路的一侧设置，并宜靠近十字路口，但当市政道路宽度超过 60m 时，应在道路的两侧交叉错落设置市政消火栓。

4. 市政桥桥头和城市交通隧道出入口等市政公用设施处，应设置市政消火栓。

5. 市政消火栓的保护半径不应超过 150m，间距不应大于 120m。

6. 市政消火栓应布置在消防车易于接近的人行道和绿地等地点，且不应妨碍交通，并应符合下列规定：

（1）市政消火栓距路边不宜小于0.5m，并不应大于2m；

（2）市政消火栓距建筑外墙或外墙边缘不宜小于5m；

（3）市政消火栓应避免设置在机械易撞击的地点，确有困难时，应采取防撞措施。

7. 当市政给水管网设有市政消火栓时，其平时运行工作压力不应小于0.14MPa，火灾时水力最不利市政消火栓的出流量不应小于15L/s，且供水压力从地面算起不应小于0.1MPa。

8. 严寒地区在城市主要干道上设置消防水鹤的布置间距宜为1000m，连接消防水鹤的市政给水管的管径不宜小于DN200。

9. 火灾时消防水鹤的出流量不宜低于30L/s，且供水压力从地面算起不应小于0.1MPa。

10. 地下式市政消火栓应有明显的永久性标志。

（二）室外消火栓

1. 建筑室外消火栓的数量应根据室外消火栓设计流量和保护半径经计算确定，保护半径不应大于150m，每个室外消火栓的出流量宜按10～15L/s计算。

2. 室外消火栓宜沿建筑周围均匀布置，且不宜集中布置在建筑一侧；建筑消防扑救面一侧的室外消火栓数量不宜少于2个。

3. 人防工程、地下工程等建筑应在出入口附近设置室外消火栓，且距出入口的距离不宜小于5m，并不宜大于40m。

4. 停车场的室外消火栓宜沿停车场周边设置，且与最近一排汽车的距离不宜小于7m，距加油站或油库不宜小于15m。

5. 甲、乙、丙类液体储罐区和液化烃罐罐区等构筑物的室外消火栓，应设在防火堤或防护墙外，数量应根据每个罐的设计流量经计算确定，但距罐壁15m范围内的消火栓，不应计算在该罐可使用的数量内。

6. 工艺装置区等采用高压或临时高压消防给水系统的场所，其周围应设置室外消火栓，数量应根据设计流量经计算确定，且间距不应大于60m。当工艺装置区宽度大于120m时，宜在该装置区内的路边设置室外消火栓。

7. 当工艺装置区、罐区、堆场、可燃气体和液体码头等构筑物的面积较大或高度较高，室外消火栓的充实水柱无法完全覆盖时，宜在适当部位设置室外固定消防炮。

8. 当工艺装置区、储罐区、堆场等构筑物采用高压或临时高压消防给水系统时，消火栓的设置应符合下列规定：

（1）室外消火栓处宜配置消防水带和消防水枪；

（2）工艺装置休息平台等处需要设置的消火栓的场所应采用室内消火栓，并应符合相关规范对室内消火栓的有关规定。

9. 室外消防给水引入管当设有倒流防止器，且火灾时因其水头损失导致室外消火栓不能满足最不利消火栓的出流量不应小于15L/s，且供水压力从地面算起不应小于0.1Mpa时，应在该倒流防止器前设置一个室外消火栓。

10. 建筑室外消火栓的布置除应符合以上规定外，还应符合市政消火栓的有关规定。

项目二　室内消火栓的组成与设置要求

一、室内消火栓的组成和设置场所

（一）室内消火栓的组成和分类

1. 室内消火栓的组成。室内消火栓是由消防水源、消防供水设施、消防给水管网、室内消火栓及系统附件等组成。其中消防给水管网包括进水管、水平干管、消防竖管等，其任务是向室内消火栓设备输送灭火用水。室内消火栓设备包括水带、水枪、水喉等，是供人员灭火使用的主要工具。系统附件包括各种阀门、屋顶消火栓等。

2. 室内消火栓的分类。

（1）室内消火栓按其出水口形式可分为单出口室内消火栓和双出口室内消火栓。目前，双出口室内消火栓已基本淘汰，不建议采用。

（2）室内消火栓按其栓阀数量可分为单栓阀室内消火栓和双栓阀室内消火栓。

（3）室内消火栓按其结构形式可分为直角出口型室内消火栓、45°出口型室内消火栓、旋转型室内消火栓、减压型室内消火栓、旋转减压型室内消火栓、减压稳压型室内消火栓、旋转减压稳压型室内消火栓等。

（二）室内消火栓的设置场所

1. 下列建筑或场所应设置室内消火栓系统：

（1）建筑占地面积大于300m^2 的厂房和仓库。

（2）高层公共建筑和建筑高度大于21m 的住宅建筑；但当建筑高度不大于27m 的住宅建筑，设置室内消火栓系统确有困难时，可只设置干式消防竖管和不带消火栓箱的DN65 的室内消火栓。

（3）建筑体积大于5000m^3 的车站、码头、机场的候车（船、机）建筑、展览建筑、商店建筑、旅馆建筑、医疗建筑、老年人照料设施和图书馆建筑等单、多层建筑。

（4）特等、甲等剧场，超过800 个座位的其他等级的剧场和电影院等以及超过1200 个座位的礼堂、体育馆等单、多层建筑。

（5）建筑高度大于15m 或建筑体积大于10000m^3 的办公建筑、教学建筑和其他单、多层民用建筑。

2. 下列建筑或场所可不设置室内消火栓系统，但宜设置消防软管卷盘或轻便消防水龙：

（1）耐火等级为一、二级且可燃物较少的单、多层丁、戊类厂房（仓库）。

（2）耐火等级为三、四级且建筑体积不大于3000m^3 的丁类厂房；耐火等级为三、四级且建筑体积不大于5000m^3 的戊类厂房（仓库）。

（3）粮食仓库、金库、远离城镇且无人值班的独立建筑。

（4）存有与水接触能引起燃烧爆炸的物品的建筑。

（5）室内无生产、生活给水管道，室外消防用水取自储水池且建筑体积不大于5000m^3 的其他建筑。

人员密集的公共建筑、建筑高度大于100m 的建筑和建筑面积大于200m^2 的商业服务网点内应设置消防软管卷盘或轻便消防水龙。高层住宅建筑的户内宜配置轻便消防水龙。老年人照料设施内应设置与室内供水系统直接连接的消防软管卷盘，消防软管卷盘的设置间距不应大于30m。

二、系统的设置要求

充实水柱是指由水枪喷嘴起至射流90%的水柱水量穿过直径为380mm圆孔处的一段射流，它的长度不同反映了室内消火栓的灭火能力。室内消火栓的选型应根据使用者、火灾危险性、火灾类型和不同灭火功能等因素综合确定。

1. 室内消火栓的配置应符合下列要求：

（1）应采用DN65室内消火栓，并可与消防软管卷盘或轻便水龙设置在同一箱体内；

（2）应配置公称直径65有内衬里的消防水带，长度不宜超过25m；消防软管卷盘应配置内径不小于φ19的消防软管，其长度宜为30m；轻便水龙应配置公称直径25有内衬里的消防水带，长度宜为30m；

（3）宜配置当量喷嘴直径16mm或19mm的消防水枪，但当消火栓设计流量为2.5L/s时宜配置当量喷嘴直径11mm或13mm的消防水枪；消防软管卷盘和轻便水龙应配置当量喷嘴直径6mm的消防水枪。

2. 设置室内消火栓的建筑，包括设备层在内的各层均应设置消火栓。

3. 屋顶设有直升机停机坪的建筑，应在停机坪出入口处或非电器设备机房处设置消火栓，且距停机坪机位边缘的距离不应小于5m。

4. 消防电梯前室应设置室内消火栓，并应计入消火栓使用数量。

5. 室内消火栓的布置应满足同一平面有2支消防水枪的2股充实水柱同时达到任何部位的要求，但建筑高度小于或等于24m且体积小于或等于5000m^3的多层仓库、建筑高度小于或等于54m且每单元设置一部疏散楼梯的住宅，以及《消防给水及消火栓系统技术规范》（GB 50974—2014）中规定可采用1支消防水枪的场所，可采用1支消防水枪的1股充实水柱到达室内任何部位。

6. 建筑室内消火栓的设置位置应满足火灾扑救要求，并应符合下列规定：

（1）室内消火栓应设置在楼梯间及其休息平台和前室、走道等明显易于取用，以及便于火灾扑救的位置；

（2）住宅的室内消火栓宜设置在楼梯间及其休息平台；

（3）汽车库内消火栓的设置不应影响汽车的通行和车位的设置，并应确保消火栓的开启；

（4）同一楼梯间及其附近不同层设置的消火栓，其平面位置宜相同；

（5）冷库的室内消火栓应设置在常温穿堂或楼梯间内。

7. 建筑室内消火栓栓口的安装高度应便于消防水龙带的连接和使用，其距地面高度宜为1.1m；其出水方向应便于消防水带的敷设，并宜与设置消火栓的墙面成90°角或向下。

8. 设有室内消火栓的建筑应设置带有压力表的试验消火栓，其设置位置应符合下列规定：

（1）多层和高层建筑应在其屋顶设置，严寒、寒冷等冬季结冰地区可设置在顶层出口处或水箱间内等便于操作和防冻的位置；

（2）单层建筑宜设置在水力最不利处，且应靠近出入口。

9. 室内消火栓宜按直线距离计算其布置间距，并应符合下列规定：

（1）消火栓按2支消防水枪的2股充实水柱布置的建筑物，消火栓的布置间距不应大于30m；

（2）消火栓按1支消防水枪的1股充实水柱布置的建筑物，消火栓的布置间距不应大于50m。

10. 消防软管卷盘和轻便水龙的用水量可不计入消防用水总量。

11. 室内消火栓栓口压力和消防水枪充实水柱，应符合下列规定：

（1）消火栓栓口动压力不应大于0.5MPa，当大于0.7MPa时必须设置减压装置；

（2）高层建筑、厂房、库房和室内净空高度超过8m的民用建筑等场所，消火栓栓口动压不应小于0.35MPa，且消防水枪充实水柱应按13m计算；其他场所，消火栓栓口动压不应小于0.25MPa，且消防水枪充实水柱应按10m计算。

12. 建筑高度不大于27m的住宅，当设置消火栓时，可采用干式消防竖管，并应符合下列规定：

（1）干式消防竖管宜设置在楼梯间休息平台，且仅应配置消火栓栓口；

（2）干式消防竖管应设置消防车供水的接口；

（3）消防车供水接口应设置在首层便于消防车接近和安全的地点；

（4）竖管顶端应设置自动排气阀。

项目三　室内外消防用水量

消火栓用水总量包括室外消火栓用水量和室内消火栓用水量。

室外消火栓的作用是直接扑灭或控制低层建筑、高层建筑低层部分的火灾和保护低层建筑、高层建筑低层部分及邻近建筑物。

室外消火栓的取水点为消防水池或天然水源，其取水设备有消防车和移动泵。用水设备或器材有水带、水枪、消防云梯车、消防曲臂车的带架水枪通过水泵接合器向室内消防给水管网供水。水泵接合器全部或部分供给室内消防用水量，以扑灭或控制低层建筑和高层建筑火灾。

室内消火栓的作用是直接扑灭或控制低层建筑、高层建筑和超高层建筑以及邻近建筑物的火灾。其用水点、用水设备和器材为室内消火栓、水带、水枪。消防卷盘用于直接扑灭或控制建筑物初期火灾。

消防用水总量按下式计算：

$$Q_t = Q_w + Q_n$$

式中：Q_t ——消防用水总量（L/s）；

Q_w ——室外消防用水量（L/s）；

Q_n ——室内消防用水量（L/s）。

计算消防用水总量的目的是确定室外（总体）消防给水管的管径。当计算室内消防给水管网用水量时，不需考虑室外消防用水量。

一、建筑物室外消火栓设计流量

建筑物室外消火栓设计流量，应根据建筑物的用途、功能、体积、耐火等级、火灾危险性等因素综合分析确定。建筑物室外消火栓设计流量不应小于表 2－1 的规定。

表 2－1　建筑物室外消火栓设计流量（L/s）

<table>
<tr><th rowspan="2">耐火等级</th><th rowspan="2" colspan="3">建筑物名称及类别</th><th colspan="6">建筑体积（m^3）</th></tr>
<tr><th>$V\leqslant 1500$</th><th>$1500<V\leqslant 3000$</th><th>$3000<V\leqslant 5000$</th><th>$5000<V\leqslant 20000$</th><th>$20000<V\leqslant 50000$</th><th>$V>50000$</th></tr>
<tr><td rowspan="10">一、二级</td><td rowspan="6">工业建筑</td><td rowspan="3">厂房</td><td>甲、乙</td><td colspan="2">15</td><td>20</td><td>25</td><td>30</td><td>35</td></tr>
<tr><td>丙</td><td colspan="2">15</td><td>20</td><td>25</td><td>30</td><td>40</td></tr>
<tr><td>丁、戊</td><td colspan="5">15</td><td>20</td></tr>
<tr><td rowspan="3">仓库</td><td>甲、乙</td><td colspan="2">15</td><td colspan="2">25</td><td colspan="2">—</td></tr>
<tr><td>丙</td><td colspan="2">15</td><td colspan="2">25</td><td>35</td><td>45</td></tr>
<tr><td>丁、戊</td><td colspan="5">15</td><td>20</td></tr>
<tr><td rowspan="3">民用建筑</td><td colspan="2">住宅</td><td colspan="6">15</td></tr>
<tr><td rowspan="2">公共建筑</td><td>单层及多层</td><td colspan="3">15</td><td>25</td><td>30</td><td>40</td></tr>
<tr><td>高层</td><td colspan="3">—</td><td>25</td><td>30</td><td>40</td></tr>
<tr><td colspan="3">地下建筑（包括地铁）、平战结合的人防工程</td><td colspan="3">15</td><td>20</td><td>25</td><td>30</td></tr>
<tr><td rowspan="3">三级</td><td rowspan="2" colspan="2">工业建筑</td><td>乙、丙</td><td>15</td><td>20</td><td>30</td><td>40</td><td>45</td><td>—</td></tr>
<tr><td>丁、戊</td><td colspan="3">15</td><td>20</td><td>25</td><td>35</td></tr>
<tr><td colspan="3">单层及多层民用建筑</td><td colspan="2">15</td><td>20</td><td>25</td><td>30</td><td>—</td></tr>
<tr><td rowspan="2">四级</td><td colspan="3">丁、戊类工业建筑</td><td colspan="2">15</td><td>20</td><td>25</td><td colspan="2">—</td></tr>
<tr><td colspan="3">单层及多层民用建筑</td><td colspan="2">15</td><td>20</td><td>25</td><td colspan="2">—</td></tr>
</table>

注：1. 成组布置的建筑物应按消火栓设计流量较大的相邻两座建筑物的体积之和确定；

2. 火车站、码头和机场的中转库房，其室外消火栓设计流量应按相应耐火等级的丙类物品库房确定；

3. 国家级文物保护单位的重点砖木、木结构的建筑物室外消火栓设计流量，按三级耐火等级民用建筑物消火栓设计流量确定；

4. 当单座建筑的总建筑面积大于 500000m^2 时，建筑物室外消火栓设计流量应按本表规定的最大值增加一倍。

二、建筑物室内消火栓设计流量

建筑物室内消火栓设计流量，应根据建筑物的用途、功能、体积、高度、耐火等级、火灾危险性等因素综合确定。建筑物室内消火栓设计流量不应小于表2－2的规定。

表2－2　建筑物室内消火栓设计流量（L/s）

<table>
<tr><th colspan="2">建筑物名称</th><th colspan="3">高度h（m）、体积V（m^3）
座位数n（个）、
火灾危险性</th><th>消火栓设计
流量（L/s）</th><th>同时使用消防
水枪数（支）</th><th>每根竖管
最小流量
（L/s）</th></tr>
<tr><td rowspan="12">工业建筑</td><td rowspan="7">厂房</td><td rowspan="3">h≤24</td><td colspan="2">甲、乙、丁、戊</td><td>10</td><td>2</td><td>10</td></tr>
<tr><td rowspan="2">丙</td><td>V≤5000</td><td>10</td><td>2</td><td>10</td></tr>
<tr><td>V＞5000</td><td>20</td><td>4</td><td>15</td></tr>
<tr><td rowspan="2">24＜h≤50</td><td colspan="2">乙、丁、戊</td><td>25</td><td>5</td><td>15</td></tr>
<tr><td colspan="2">丙</td><td>30</td><td>6</td><td>15</td></tr>
<tr><td rowspan="2">h＞50</td><td colspan="2">乙、丁、戊</td><td>30</td><td>6</td><td>15</td></tr>
<tr><td colspan="2">丙</td><td>40</td><td>8</td><td>15</td></tr>
<tr><td rowspan="5">仓库</td><td rowspan="3">h≤24</td><td colspan="2">甲、乙、丁、戊</td><td>10</td><td>2</td><td>10</td></tr>
<tr><td rowspan="2">丙</td><td>V≤5000</td><td>15</td><td>3</td><td>15</td></tr>
<tr><td>V＞5000</td><td>25</td><td>5</td><td>15</td></tr>
<tr><td rowspan="2">h＞24</td><td colspan="2">丁、戊</td><td>30</td><td>6</td><td>15</td></tr>
<tr><td colspan="2">丙</td><td>40</td><td>8</td><td>15</td></tr>
</table>

续表

<table>
<tr><th colspan="3">建筑物名称</th><th>高度h（m）、体积V（m^3）座位数n（个）、火灾危险性</th><th>消火栓设计流量（L/s）</th><th>同时使用消防水枪数（支）</th><th>每根竖管最小流量（L/s）</th></tr>
<tr><td rowspan="25">民用建筑</td><td rowspan="20">单层及多层</td><td rowspan="2">科研楼、试验楼</td><td>V≤10000</td><td>10</td><td>2</td><td>10</td></tr>
<tr><td>V＞10000</td><td>15</td><td>3</td><td>10</td></tr>
<tr><td rowspan="3">车站、码头、机场的候车（船、机）楼和展览建筑（包括博物馆）等</td><td>5000＜V≤25000</td><td>10</td><td>2</td><td>10</td></tr>
<tr><td>25000＜V≤50000</td><td>15</td><td>3</td><td>10</td></tr>
<tr><td>V＞50000</td><td>20</td><td>4</td><td>15</td></tr>
<tr><td rowspan="4">剧场、电影院、会堂、礼堂、体育馆等</td><td>800＜n≤1200</td><td>10</td><td>2</td><td>10</td></tr>
<tr><td>1200＜n≤5000</td><td>15</td><td>3</td><td>10</td></tr>
<tr><td>5000＜n≤10000</td><td>20</td><td>4</td><td>15</td></tr>
<tr><td>n＞10000</td><td>30</td><td>6</td><td>15</td></tr>
<tr><td rowspan="3">旅馆</td><td>5000＜V≤10000</td><td>10</td><td>2</td><td>10</td></tr>
<tr><td>10000＜V≤25000</td><td>15</td><td>3</td><td>10</td></tr>
<tr><td>V＞25000</td><td>20</td><td>4</td><td>15</td></tr>
<tr><td rowspan="3">商店、图书馆、档案馆等</td><td>5000＜V≤10000</td><td>15</td><td>3</td><td>10</td></tr>
<tr><td>10000＜V≤25000</td><td>25</td><td>5</td><td>15</td></tr>
<tr><td>V＞25000</td><td>40</td><td>8</td><td>15</td></tr>
<tr><td rowspan="2">病房楼、门诊楼等</td><td>5000＜V≤25000</td><td>10</td><td>2</td><td>10</td></tr>
<tr><td>V＞25000</td><td>15</td><td>3</td><td>10</td></tr>
<tr><td>办公楼、教学楼、公寓、宿舍等其他建筑</td><td>h＞15m或V＞10000</td><td>15</td><td>3</td><td>10</td></tr>
<tr><td>住宅</td><td>21＜h≤27</td><td>5</td><td>2</td><td>5</td></tr>
<tr><td rowspan="5">高层</td><td rowspan="2">住宅</td><td>27＜h≤54</td><td>10</td><td>2</td><td>10</td></tr>
<tr><td>h＞54</td><td>20</td><td>4</td><td>10</td></tr>
<tr><td>二类公共建筑</td><td>h≤50</td><td>20</td><td>4</td><td>10</td></tr>
<tr><td rowspan="2">一类公共建筑</td><td>h≤50</td><td>30</td><td>6</td><td>15</td></tr>
<tr><td>h＞50</td><td>40</td><td>8</td><td>15</td></tr>
<tr><td colspan="3" rowspan="2">国家级文物保护单位的重点砖木或木结构建筑</td><td>V≤10000</td><td>20</td><td>4</td><td>10</td></tr>
<tr><td>V＞10000</td><td>25</td><td>5</td><td>15</td></tr>
</table>

续表

建筑物名称		高度 h（m）、体积 V（m^3） 座位数 n（个）、 火灾危险性	消火栓设计流量（L/s）	同时使用消防水枪数（支）	每根竖管最小流量（L/s）
地下建筑		V≤5000	10	2	10
		5000 < V≤10000	20	4	15
		10000 < V≤25000	30	6	15
		V > 25000	40	8	20
人防工程	展览厅、影院、剧场、礼堂、健身体育场所等	V≤1000	5	1	5
		1000 < V≤2500	10	2	10
		V > 2500	15	3	10
	商场、餐厅、旅馆、医院等	V≤5000	5	1	5
		5000 < V≤10000	10	2	10
		10000 < V≤25000	15	3	10
		V > 25000	20	4	10
	丙、丁、戊类生产车间、自行车库	V≤2500	5	1	5
		V > 2500	10	2	10
	丙、丁、戊类物品库房、图书资料档案库	V≤3000	5	1	5
		V > 3000	10	2	10

注：1. 丁、戊类高层厂房（仓库）室内消火栓的设计流量可按本表减少 10L/s，同时使用消防水枪数量可按本表减少 2 支；

2. 消防软管卷盘、轻便消防水龙及多层住宅楼梯间中的干式消防竖管，其消火栓设计流量可不计入室内消防给水设计流量；

3. 当一座多层建筑有多种使用功能时，室内消火栓设计流量应分别按本表中不同功能计算，且应取最大值。

当建筑物室内设有自动喷水灭火系统、水喷雾灭火系统、泡沫灭火系统或固定消防炮灭火系统等一种或两种以上自动水灭火系统全保护时，高层建筑当高度不超过 50m 且室内消火栓系统设计流量超过 20L/s 时，其室内消火栓设计流量可按表 2－2 减少 5L/s；多层建筑室内消火栓设计流量可减少 50%，但不应小于 10L/s。

宿舍、公寓等非住宅类居住建筑的室内消火栓设计流量，当为多层建筑时，应按表 2－2 中的宿舍、公寓确定；当为高层建筑时，应按本规范表 2－2 中的公共建筑确定。

模块二　消火栓系统的施工及检测验收

项目一　室外消火栓系统的施工、检测验收及维护管理

一、安装前设备进场检查与准备工作

1. 产品标识。目测，对照产品的检验报告，合格的室外消火栓应在阀体或阀盖上铸出型号、规格和商标且应与检验报告描述一致，如发现不一致的，则视为检查不合格。

2. 消防接口。用小刀轻刮外螺纹固定接口和吸水管接口，目测外螺纹固定接口和吸水管接口的本体材料应由铜质材料或不锈钢材料制造。不合格消火栓外螺纹固定接口和吸水管接口的本体材料为铁或镀铜。

3. 排放余水装置。目测室外消火栓应有自动排放余水装置。

4. 材料。打开室外消火栓，目测栓阀座应用铸造铜合金制作，阀杆螺母材料性能应不低于黄铜。

二、系统安装

（一）管道安装

1. 管道安装应根据设计要求使用管材，按压力要求选用管材。

2. 管道在焊接前应清除接口处的浮锈、污垢及油脂。

3. 室外消火栓安装前，管件内外壁均涂沥青冷底子油两遍，外壁须另加热沥青两遍、面漆一遍，埋入土中的法兰盘接口涂沥青冷底子油两遍，外壁须另加热沥青两遍、面漆一遍，并用沥青麻布包严，消火栓井内铁件也应涂热沥青防腐。

（二）栓体安装

1. 消火栓安装距路边不宜小于0.5m，不应大于2m。

2. 地上式室外消火栓安装时，消火栓顶距地面高为0.64m，立管应垂直、稳固，控制阀门井距消火栓不应超过1.5m，消火栓弯管底部应设支墩或支座。其放水口应用粒径为20～30m的卵石做渗水层，铺设半径为500mm，铺设厚度自地面下100mm至槽底。铺设渗水层时，应保护好放水弯头，以免损坏。

3. 地下式室外消火栓应安装在消火栓井内，消火栓井内径不应小于1.5m。井内应设爬梯以方便阀门的维修。消火栓井内供水主管底部距井底不应小于0.2m，消火栓顶部至井盖底距离应不小于0.2m。冬季室外温度低于－20℃的地区，地下消火栓井口须作保温处理。

三、室外消火栓系统的检测验收

室外消火栓的检测验收应符合下列规定：

1. 室外消火栓的选型、规格、数量、安装位置应符合设计要求。

2. 同一建筑物内设置的室外消火栓应采用统一规格的栓口及配件。

3. 室外消火栓应设置明显的永久性固定标志。

4. 室外消火栓水量及压力应满足要求。

四、室外消火栓系统的维护管理

（一）地下式室外消火栓的维护管理

地下式室外消火栓应每季度进行一次检查保养，其内容主要包括：

1. 用专用扳手转动消火栓启动杆，观察其灵活性，必要时加注润滑油。

2. 检查橡胶垫圈等密封件有无损坏、老化或丢失等情况。

3. 检查栓体外表油漆有无脱落，有无锈蚀，如有应及时修补。

4. 入冬前检查消火栓的防冻设施是否完好。

5. 重点部位消火栓，每年应逐一进行一次出水试验，出水压力应满足要求。在检查中可使用压力表测试管网压力，或者连接水带进行射水试验，检查管网压力是否正常。

6. 随时消除消火栓井周围及井内积存的杂物。

7. 地下式室外消火栓应有明显标志，要保持室外消火栓配套器材和标志的完整有效。

（二）地上式室外消火栓的维护管理

1. 用专用扳手转动消火栓启动杆，检查其灵活性，必要时加注润滑油。

2. 检查出水口闷盖是否密封，有无缺损。

3. 检查栓体外表油漆有无剥落，有无锈蚀，如有应及时修补。

4. 每年开春后、入冬前对地上式室外消火栓逐一进行出水试验，出水压力应满足要求。在检查中可使用压力表测试管网压力，或者连接水带进行射水试验，检查管网压力是否正常。

5. 定期检查消火栓前端阀门井。

6. 保持配套器材的完备有效，无遮挡。

室外消火栓系统的检查除上述内容外，还应包括与有关单位联合进行的消防水泵、消防水池的一般性检查，如应经常检查消防水泵各种阀是否处于正常状态，消防水池水位是否达到标准水位。

项目二　室内消火栓系统的施工、检测验收及维护管理

一、安装前设备进场检查与准备工作

（一）室内消火栓的检查

1. 产品标识。对照产品的检验报告，室内消火栓应在阀体或阀盖上铸出型号、规格和商标，且应与检验报告描述一致。如发现不一致，则视为检查不合格。

2. 手轮。室内消火栓手轮轮缘上应明显地铸出标示开关方向的箭头和字样。手轮

直径应符合要求，如常用的 SN65 型手轮，其直径应不小于 120mm，手轮直径可用游标卡尺测量。

3. 材料。室内消火栓阀座及阀杆螺母材料性能应不低于黄铜，阀杆本体材料性能应不低于铅黄铜。

（二）消火栓箱的检查

1. 外观质量和标志。消火栓箱箱体应设耐久性铭牌，包括以下内容：产品名称、产品型号、批准文件的编号、注册商标或厂名、生产日期、执行标准。现场检查时可以用小刀轻刮箱体内外表面图层，查看是否经过防腐处理。此外，目测消火栓箱箱门正面，应以直观、醒目、匀整的字体标注“消火栓”字样，且字体高不得小于 100mm、宽不得小于 80mm。

2. 器材的配置和性能。按照室内消火栓箱的产品检验报告，箱内消防器材的配置应该与报告一致，且消火栓箱内配置的消防器材（水枪、水带等）应符合各产品现场检查的要求。

3. 箱门。消火栓箱应设置门锁或箱门关紧装置。设置门锁的消火栓箱，除箱门安装玻璃以及能被击碎的透明材料者外，均应设置箱门紧急开启的手动机构，以保证在没有钥匙的情况下开启灵活、可靠，且箱门开启角度不得小于 160°，并无卡阻现象。

4. 水带安置。卷盘式消火栓箱的水带盘从挂臂上取出应无卡阻。

（三）消防水带的检查

1. 产品标识。对照消防水带的 3C 认证型式检验报告，看该产品名称、型号、规格是否一致。

2. 织物层外观质量。合格消防水带的织物层应编织均匀，表面整洁。

3. 消防水带长度。将整卷消防水带打开，用卷尺测量其总长度，测量时应不包括消防水带的接口，将测得的数据与有衬里消防水带的标称长度进行对比，如消防水带长度误差超过 1m 以上的，则可以判定该产品为不合格。

4. 压力试验。截取 1.2m 长的消防水带，使用手动试压泵或电动试压泵平稳加压至试验压力，保压 5min，检查是否有渗漏现象，有渗漏则不合格。在试验压力状态下，继续加压，升压至试样爆破，其爆破压力应不小于消防水带工作压力的 3 倍。如常用 8 型消防水带的试验压力为 1.2MPa，爆破压力应不小于 2.4MPa。

（四）消防水枪的检查

1. 表面质量检查。合格的消防水枪铸件表面应无结疤、裂纹及孔眼。使用小力轻刮消防水枪铝制件表面，检查是否进行过阳极氧化处理。

2. 抗跌落性能检查。将消防水枪以喷嘴垂直朝上、喷嘴垂直朝下、消防水枪轴线处于水平三个位置，从离地（2 ±0.02）m 高处，自由跌落到厚 10cm 的混凝土地面上。消防水枪在每个位置各跌落两次，然后再检查，如消防接口跌落后出现断裂或不能正常操纵使用的，则判定该产品不合格。

3. 密封性能检查。封闭消防水枪的出水端，将消防水枪的进水端通过接口与手动试压泵或电动试压泵装置相连，排除枪体内的空气，然后缓慢加压至最大工作压力的 1.5 倍，保压 2min，消防水枪不应出现裂纹、断裂或影响正常使用的残余变形。

（五）消防接口的检查

1. 外观检查。使用小刀轻刮消防接口表面，目测表面应进行过阳极氧化处理或静电喷塑防腐处理。

2. 抗跌落性能检查。内扣式消防接口以扣爪垂直朝下的位置，将消防接口的最低点离地面（1.5 ±0.05）m 高度，然后自由跌落到混凝土地面上。反复进行 5 次后，检查消防接口是否断裂，是否能与相同口径的消防接口正常连接。如消防接口跌落后出现断裂或不能正常操纵使用的，则判定该产品不合格。

卡式消防接口和螺纹式消防接口以消防接口的轴线呈水平状态，将消防接口的最低点离地面（1.5 ±0.05）m 高度，然后自由跌落到混凝土地面上。反复进行 5 次后，检查消防接口是否断裂并进行操作。如消防接口跌落后出现断裂或不能正常操纵使用的，则判定该产品不合格。

二、系统安装

1. 管道安装。管道在焊接前应清除接口处的浮锈、污垢及油脂。管道安装必须按图样设计要求的轴线位置和标高进行定位放线。安装顺序一般是主干管、干管、分支管、横管、垂直管。管井的消防立管安装采用从下至上的安装方法，即管道从管井底部逐层安装，直至立管全部安装完，并且固定至各层支架上。

管网安装完毕后，应对其进行强度试验、冲洗和严密性试验，方法和要求同消防给水管网，不再赘述。

2. 栓体及配件安装。消火栓箱体要符合设计要求。消火栓支管要以栓阀的坐标、标高来定位，然后稳固消火栓箱，箱体稳固后再把栓阀安装好，当栓阀侧装在箱内时应在箱门开启的一侧，箱门开关应灵活。消火栓箱体安装在轻体隔墙上应有加固措施。消防水带应折好放在挂架上或卷实、盘紧放在箱内；消防水枪要竖放在箱体内侧。

三、室内消火栓系统的调试与检测验收

（一）室内消火栓系统的调试

室内消火栓的调试和测试应符合下列规定：

1. 室内试验消火栓动作时，应检测消防水泵是否在规定时间内自动启动；

2. 室内试验消火栓动作时，应测试其出流量、压力和充实水柱的长度；并应根据消防水泵的性能曲线核实消防水泵供水能力；

3. 应检查旋转型室内消火栓的性能能否满足其性能要求；

4. 应采用专用检测工具，测试减压、稳压型室内消火栓的阀后动静压是否满足设计要求。

（二）室内消火栓系统的检测验收

室内消火栓系统竣工后，必须进行工程验收，验收应由建设单位组织质检、设计、施工、监理参加，验收不合格不应投入使用。

室内消火栓系统工程验收时，施工单位应提供下列资料：

1. 竣工验收申请报告、设计文件、竣工资料；

2. 消防给水及消火栓系统的调试报告；
3. 工程质量事故处理报告；
4. 施工现场质量管理检查记录；
5. 消防给水及消火栓系统施工过程质量管理检查记录；
6. 消防给水及消火栓系统质量控制检查资料。

室内消火栓系统竣工验收的合格判定标准，与消防给水系统相同，这里不再赘述。

四、室内消火栓系统的维护管理

室内消火栓箱内应经常保持清洁、干燥，防止锈蚀、碰伤或其他损坏。每半年至少进行一次全面的检查维修，主要检查以下内容：

1. 检查消火栓和消防软管卷盘供水闸阀是否渗漏水，若渗漏水应及时更换密封圈；
2. 对消防水枪、消防水带、消防卷盘及其他配件进行检查，全部附件应齐全完好，卷盘转动灵活；
3. 检查消火栓按钮、指示灯及控制线路，应功能正常、无故障；
4. 消火栓箱及箱内装配的部件外观无破损，涂层无脱落，箱门玻璃完好无缺；
5. 对消火栓、供水阀门及消防软管、卷盘等所有转动部位应定期加注润滑油。

本章小结

本章主要介绍了市政消火栓系统、室外消火栓系统、室内消火栓系统的组成、设置场所和设置要求、系统的施工调试、检测验收和维护管理的内容。

室外消火栓给水系统由消防水源、消防供水设备、室外消防给水管网和室外消火栓灭火设施组成。

室外消火栓按其安装场合可分为地上式室外消火栓和地下式室外消火栓两种，地上式室外消火栓又分为湿式室外消火栓和干式室外消火栓。地上湿式室外消火栓适用于气温较高的地区，地上干式室外消火栓和地下式室外消火栓适用于气温较寒冷的地区。

室内消火栓系统由消防水源、消防供水设施、消防给水管网、室内消火栓及系统附件等组成。其中消防给水管网包括进水管、水平干管、消防竖管等，其任务是向室内消火栓设备输送灭火用水。室内消火栓设备包括水带、水枪、水喉等，是供人员灭火使用的主要工具。系统附件包括各种阀门、屋顶消火栓等。

实　训

实训一：室内消火栓的定期消防检查

1. 目的：通过实训，能够在工作中定期对室内消火栓进行消防检查。
2. 内容：室内消火栓的消防检查。
3. 方法与步骤：

（1）室内消火栓、水枪、水带、消防水喉是否齐全完好，有无生锈，漏水，接口垫圈是否完整无缺，并进行放水检查，检查后及时擦干，在消火栓阀杆上加润滑油；

（2）消防水泵在出水后能否正常供水；

（3）消火栓按钮、指示灯及报警控制线路功能是否正常，无故障；

（4）检查消火栓箱及箱内配装有消防部件的外观有无损坏，涂层是否脱落，箱门玻璃是否完好无损；

（5）日常检查时如发现室内消火栓四周放置影响消火栓使用的物品，应及时进行清除。

4. 注意事项：

（1）实训过程中注意安全；

（2）检查结束后把消火栓组件复位好。

实训二：室内消火栓的使用

1. 目的：通过实训，能够熟练使用室内消火栓进行灭火。

2. 内容：

（1）室内消火栓的组成；

（2）如何使用室内消火栓灭火。

3. 方法与步骤：

（1）了解室内消火栓的组成：水带、水枪、栓阀、消火栓按钮等；

（2）练习甩、卷消防水带；

（3）进行室内消火栓喷水实验；

①打开消火栓箱体，取出水枪，拉出水带；

②把水带接口一端与消火栓接口相连，另一端与水枪连接，拉直水带，不能打结；

③把室内栓手轮顺开启方向旋开，同时双手紧握水带，喷水灭火；

④查看消防水泵是否联动开启。

4. 注意事项：

（1）水带卷好后后期的结扣处理；

（2）加水实验时阀门慢慢打开，水枪不要对着人；

（3）实验结束后把水带晾干，卷好。

练习题

1. 哪些建筑或场所应设室内消火栓系统？

2. 室外消火栓系统的设置要求有哪些？

3. 消火栓系统验收时的合格判定标准是什么？

第三章　自动喷水灭火系统

学习目标

1. 熟悉自动喷水灭火系统的分类。
2. 掌握自动喷水灭火系统的工作原理。
3. 掌握自动喷水灭火系统的组件及其设置要求。
4. 掌握自动喷水灭火系统的安装调试与检测验收的程序及维护管理的方法。

模块一　自动喷水灭火系统的基本类型

自动喷水灭火系统是由洒水喷头、报警阀组、水流报警装置（水流指示器或压力开关）等组件，以及管道、供水设施等组成，能在发生火灾时喷水的自动灭火系统。自动喷水灭火系统在保护人身和财产安全方面具有安全可靠、经济实用、灭火成功率高等优点，广泛应用于工业建筑和民用建筑。

自动喷水灭火系统根据所使用喷头的型式，可分为闭式自动喷水灭火系统和开式自动喷水灭火系统两大类。根据系统的用途和配置状况，闭式自动喷水灭火系统又分为湿式系统、干式系统、预作用系统、重复启闭预作用系统、防护冷却系统，开式自动喷水灭火系统又分为雨淋系统、水幕系统，其中水幕系统有防火分隔水幕和防护冷却水幕两种。

项目一　湿式自动喷水灭火系统

一、湿式自动喷水灭火系统组成

湿式自动喷水灭火系统（以下简称湿式系统）由闭式喷头、湿式报警阀组、水流指示器、供水与配水管道以及供水设施等组成。在准工作状态时，配水管道内充满用于启动系统的有压水。湿式系统的组成（见图 3－1）。

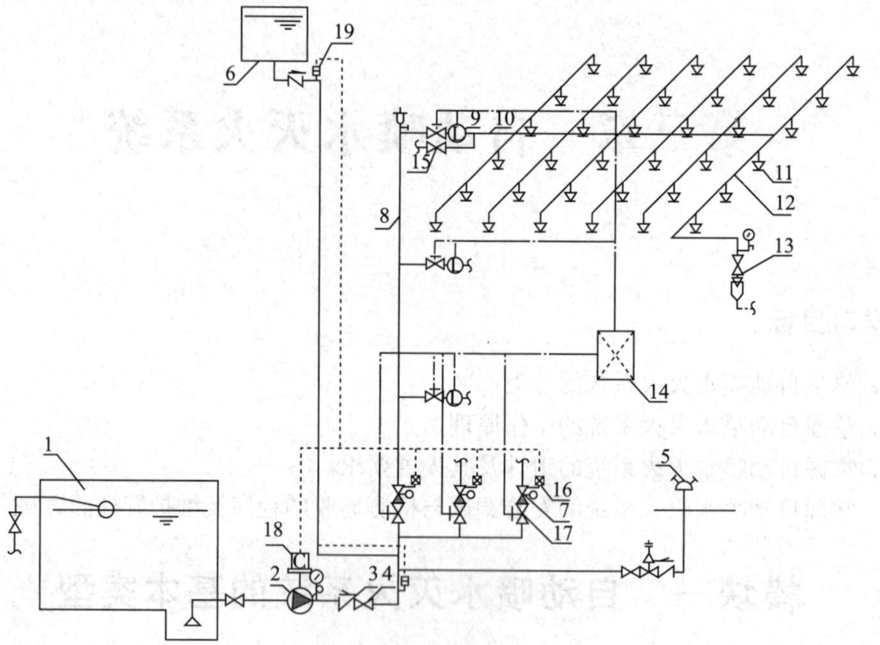

1—消防水池；2—消防水泵；3—止回阀；4—闸阀；5—消防水泵接合器；6—高位消防水箱；7—湿式报警阀组；8—配水干管；9—水流指示器；10—配水管；11—闭式洒水喷头；12—配水支管；13—末端试水装置；14—报警控制器；15—泄水阀；16—压力开关；17—信号阀；18—水泵控制柜；19—流量开关

图 3－1　湿式系统的组成

二、工作原理

湿式系统在准工作状态时，由消防水箱或稳压泵、气压给水设备等稳压设施维持管道内的充水压力。发生火灾时，在火灾温度的作用下，闭式喷头的热敏元件动作，喷头开启并开始喷水。此时，管网中的水由静止变为流动，水流指示器动作送出电信号反馈位置信息，在火灾报警控制器上显示某一区域喷水的信息。由于持续喷水泄压造成湿式报警阀的上部水压低于下部水压，在压力差的作用下，原来处于关闭状态的湿式报警阀自动开启。此时，压力水通过湿式报警阀流向管网，同时通过报警孔进入报警管路，延迟器充满水后，水力警铃发出声响警报，压力开关直接连锁启泵，消防水泵投入运行后，完成系统的启动过程。系统也可以由高位消防水箱流量开关或消防水泵出水干管上的低压压力开关动作并输出信号直接启动消防水泵。人工确认火灾扑灭以后，由有管理权限的工作人员人工停泵，使系统恢复到准工作状态。

三、适用范围

湿式系统适合在温度不低于 4℃且不高于 70℃的环境中使用，因此绝大多数的常温场所采用此类系统。经常低于 4℃的场所有使管内充水冰冻的危险，高于 70℃的场所管内充水汽化的加剧有破坏管道的危险。

项目二　干式自动喷水灭火系统

一、干式自动喷水灭火系统组成

干式自动喷水灭火系统（以下简称干式系统）由闭式喷头、干式报警阀组、供水与配水管道、充气设备以及供水设施等组成。在准工作状态时，配水管道内充满用于启动系统的有压气体。干式系统的启动原理与湿式系统相似，只是将传输喷头开放信号的介质由有压水改为有压气体。干式系统的组成（见图3－2）。

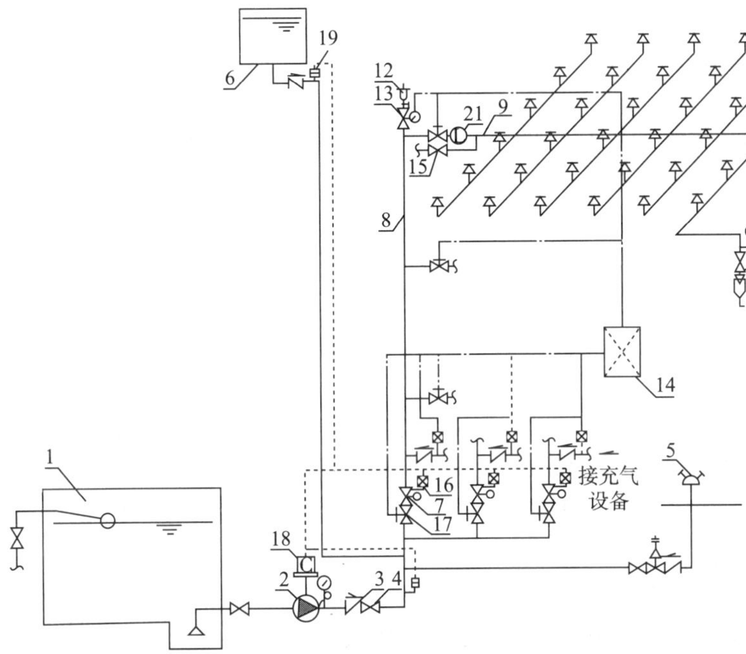

1—消防水池；2—消防水泵；3—止回阀；4—闸阀；5—消防水泵接合器；6—高位消防水箱；7—干式报警阀组；8—配水干管；9—配水管；10—闭式洒水喷头；11—配水支管；12—排气阀；13—电动阀；14—报警控制器；15—泄水阀；16—压力开关；17—信号阀；18—水泵控制柜；19—流量开关；20—末端试水装置；21—水流指示器

图3－2　干式系统的组成

二、工作原理

干式系统在准工作状态时，干式报警阀前（水源侧）的管道内充以压力水，由消防水箱或稳压泵、气压给水设备等稳压设施维持管道内的充水压力，干式报警阀后（系统侧）的管道内充以有压气体，报警阀处于关闭状态。发生火灾时，闭式喷头受热动作，喷头开启，管道中的有压气体从喷头喷出，干式报警阀系统侧压力下降，造成干式报警阀水源侧压力大于系统侧压力，干式报警阀被自动打开，压力水进入供水管道，将剩余压缩空气从系统立管顶端或横干管最高处的排气阀或已打开的喷头处喷出，然后喷水灭火。在干式报警阀被打开的同时，水进入中间室，流向报警管路，水流冲击水力警铃和压力开关，水力警铃发出声响警报，压力开关直接连锁启泵，消防水泵投入运行后，完成系统的启动过程。系统也可以由高位消防水箱流量开关或消防水泵出水管上的低压压力开关动作并输出信号直接启动消防水泵。人工确认火灾扑灭以后，由有管理权限的工作人员人工停泵，使系统恢复到准工作状态。

干式系统与湿式系统的区别在于干式系统采用干式报警阀组，准工作状态时配水管道内充以压缩空气等有压气体。为保持气压，需要配套设置补气设施。干式系统配水管道中维持的气压，根据干式报警阀入口前管道需要维持的水压、结合干式报警阀的工作性能确定。闭式喷头开放后，配水管道有一个排气充水过程。系统开始喷水的时间将因排气充水过程而产生滞后，不利于系统及时控火灭火，因此削弱了系统的灭火能力，这一点是干式系统的固有缺陷。

三、适用范围

环境温度不适合采用湿式系统的场所，可以采用能够避免充水结冰和高温加剧汽化的干式系统，所以干式系统适用于环境温度低于4℃或高于70℃的场所。

项目三　预作用自动喷水灭火系统

一、系统组成

预作用自动喷水灭火系统（以下简称预作用系统）由闭式喷头、预作用报警装置、水流报警装置、供水与配水管道、充气设备和供水设施等组成。在准工作状态时，配水管道内不充水，发生火灾时，可采用仅有火灾自动报警系统直接控制，或由火灾自动报警系统和充气管道上设置的压力开关控制预作用装置，同时启动消防水泵，并转换为湿式系统。预作用系统与湿式系统、干式系统的不同之处在于系统采用预作用报警装置，并配套设置火灾自动报警系统。预作用系统的组成（见图3－3）。

二、工作原理

预作用系统处于准工作状态时，由消防水箱或稳压泵、气压给水设备等稳压设施维持雨淋阀入口前管道内的充水压力，雨淋阀后的管道内平时无水或充以有压气体。发生火灾时，若是处于准工作状态时严禁误喷的场所，宜采用仅有火灾自动报警系统直接控制的预作用系统，此时，由火灾自动报警系统开启预作用报警装置的电磁阀，配水管道开始排气充水，使系统在闭式喷头动作前转换成湿式系统，系统管网的压力开关或高位消防水箱的流量开关等直接启动消防水泵并在闭式喷头开启后立即喷水；若是处于准工作状态时严禁管道充水的场所和用于替代干式系统的场所，宜采用由火灾自动报警系统和充气管道上设置的压力开关控制的预作用系统，此时由火灾报警系统的火警信号和充气管道上的压力开关的动作信号（闭式喷头爆破后引起）的两组信号触发开启预作用报警装置的电磁阀，配水管道开始排气充水，喷头出水灭火，同时水进入报警管路，水力警铃发出声响报警，压力开关动作直接连锁启泵，消防水泵投入运行后，完成系统的

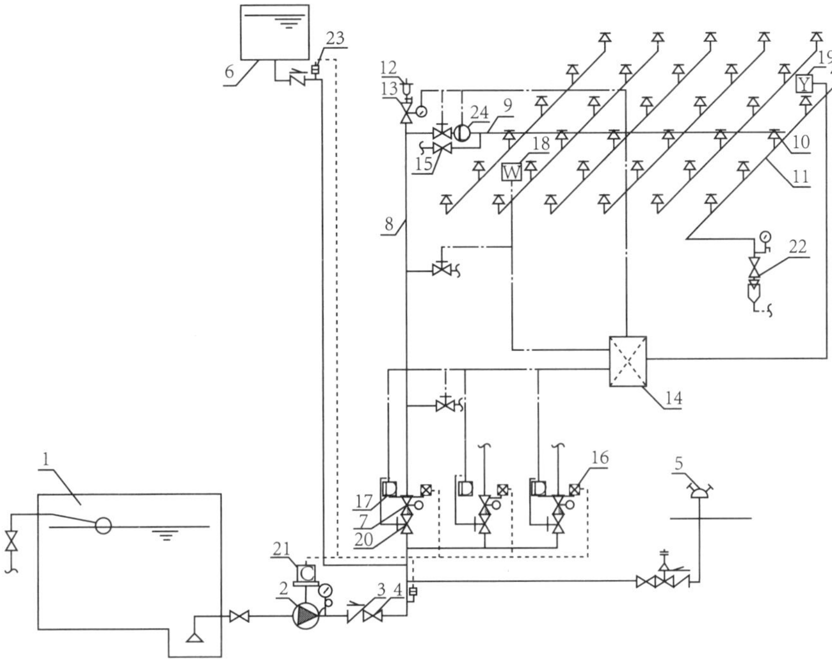

1—消防水池；2—消防水泵；3—止回阀；4—闸阀；5—消防水泵接合器；6—高位消防水箱；
7—预作用装置；8—配水干管；9—配水管；10—闭式洒水喷头；11—配水支管；12—排气阀；
13—电动阀；14—报警控制器；15—泄水阀；16—压力开关；17—电磁阀；18—感温探测器；
19—感烟探测器；20—信号阀；21—水泵控制柜；22—末端试水装置；23—流量开关；24—水流指示器

图 3－3　预作用系统的组成

启动过程。系统也可以由火灾自动报警系统、高位消防水箱流量开关或消防水泵出水干管上的低压压力开关动作并输出信号直接启动消防水泵。人工确认火灾扑灭以后，由有管理权限的工作人员人工停泵，使系统恢复到准工作状态。

三、适用范围

预作用系统适用于准工作状态时不允许误喷而造成水渍损失的一些性质重要的建筑物内（如档案室等），以及在准工作状态时严禁管道充水的场所（如冰库等），也可用于替代干式系统。

预作用系统既兼有湿式系统和干式系统的优点，又避免了湿式系统和干式系统的缺点，在不允许出现误喷或管道漏水的重要场所，可替代湿式系统使用；在低温或高温场所和准工作状态严禁充水的场所替代干式系统，可减少喷头开启后延迟喷水的时间。

项目四　防护冷却系统

防护冷却系统由闭式洒水喷头、湿式报警阀组等组成，发生火灾时用于冷却防火卷帘、防火玻璃墙等防火分隔设施的闭式系统。防护冷却系统是闭式系统，使用湿式报警阀组，所以系统动作过程和工作原理与湿式系统相同。防护冷却系统主要与防火卷帘、防护玻璃墙等防护分隔设施配合使用，对其进行冷却降温，其喷头布置时应将水直接喷向保护对象，可采用边墙型洒水喷头。当防火卷帘、防火玻璃墙等防火分隔设施需采用防护冷却系统保护时，喷头应根据可燃物的情况一侧或两侧布置；外墙可只在需要保护的一侧布置。

项目五　雨淋系统

一、系统组成

雨淋自动喷水灭火系统由开式洒水喷头、雨淋报警阀组、供水与配水管道以及供水设施等组成。它与前几种系统的不同之处在于，雨淋系统采用开式洒水喷头，由雨淋报警阀控制喷水范围，报警阀一旦开启，所有喷头同时喷水，好似倾盆大雨，故称雨淋系统。雨淋系统由配套的火灾自动报警系统或传动管控制，自动启动雨淋报警阀组和启动消防水泵。雨淋系统有电动、液动和气动控制方式，常用的有电动启动雨淋系统（见图3－4）和充液（水）传动管启动雨淋系统（见图3－5）。

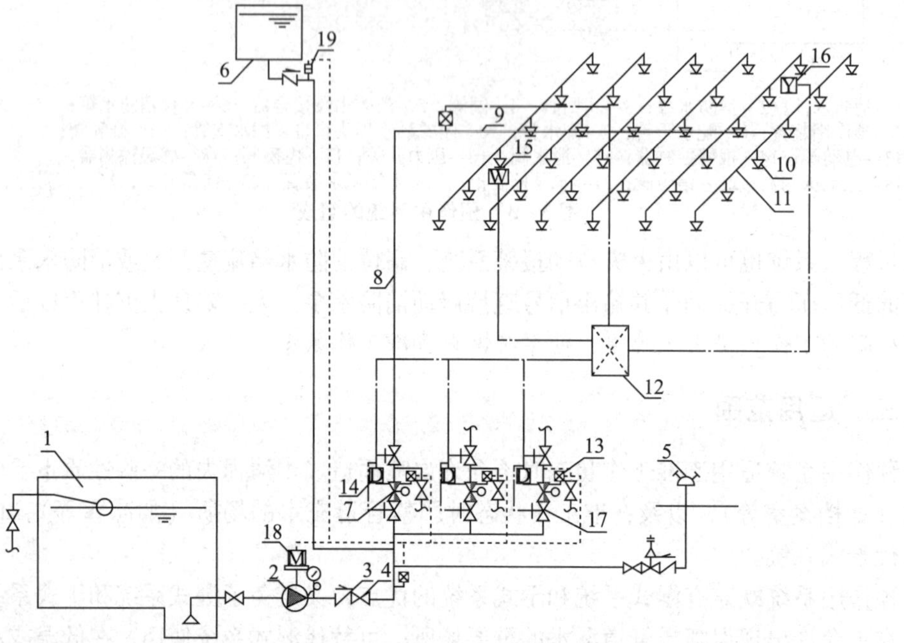

1—消防水池；2—消防水泵；3—止回阀；4—闸阀；5—消防水泵接合器；6—高位消防水箱；7—雨淋报警阀组；8—配水干管；9—配水管；10—开式洒水喷头；11—配水支管；12—报警控制器；13—压力开关；14—电磁阀；15—感温探测器；16—感烟探测器；17—信号阀；18—水泵控制柜；19—流量开关

图3－4　电动启动雨淋系统的组成

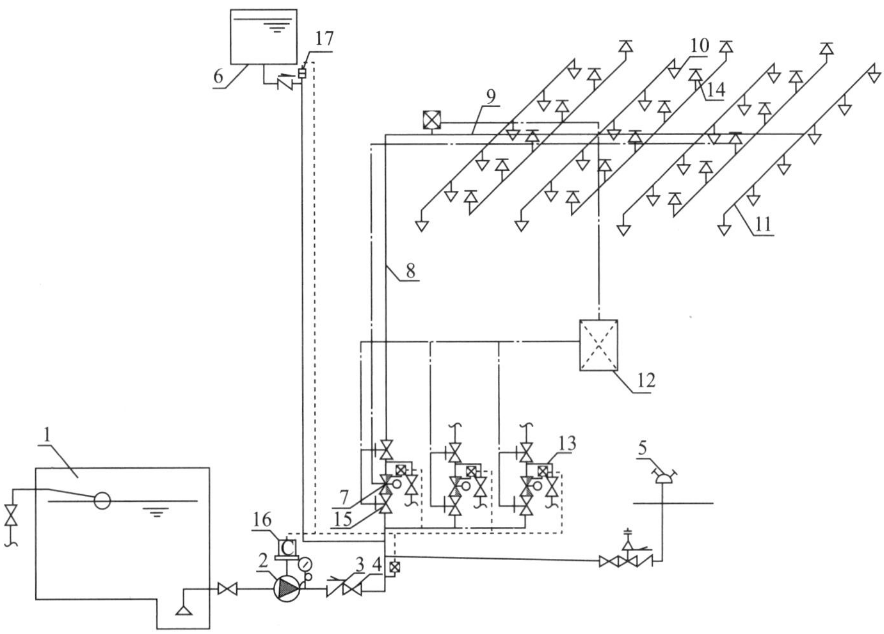

1—消防水池；2—消防水泵；3—止回阀；4—闸阀；5—消防水泵接合器；6—高位消防水箱；
7—雨淋报警阀组；8—配水干管；9—配水管；10—开式喷头；11—配水支管；12—报警控制器；
13—压力开关；14—闭式洒水喷头；15—信号阀；16—水泵控制柜；17—流量开关

图 3－5　充液（水）传动管启动雨淋系统的组成

二、工作原理

系统处于准工作状态时，由消防水箱或稳压泵、气压给水设备等稳压设施维持雨淋报警阀入口前管道内的充水压力。发生火灾时，电动控制的雨淋系统，由火灾自动报警系统联动打开雨淋报警阀的电磁阀，控制腔泄压，雨淋阀开启，水进入配水管网，所有开式洒水喷头同时喷水灭火，此时水也进入报警管路，水力警铃发出声响报警，压力开关动作联动启泵，消防水泵投入运行后，完成系统的启动过程。发生火灾时，传动管控制的雨淋系统，着火区域温度上升，传动管上的闭式喷头爆破喷水，控制腔泄压，雨淋阀开启，水进入配水管网，所有开式洒水喷头同时喷水灭火，此时水也进入报警管路，水力警铃发出声响报警，压力开关动作联动启泵，消防水泵投入运行后，完成系统的启动过程。雨淋系统也可以由火灾自动报警系统、高位消防水箱流量开关或消防水泵出水干管上的低压压力开关动作并输出信号直接启动消防水泵。人工确认火灾扑灭以后，由有管理权限的工作人员人工停泵，使系统恢复到准工作状态。

三、适用范围

雨淋系统的喷水范围由雨淋阀控制，在系统启动后立即大面积喷水。因此，雨淋系统主要适用于需大面积喷水、快速扑灭火灾的特别危险场所。如具有下列条件之一的场所，应采用雨淋系统：

1. 火灾的水平蔓延速度快、闭式洒水喷头的开放不能及时使喷水有效覆盖着火区域的场所；

2. 设置场所的净空高度超过《自动喷水灭火系统设计规范》（GB 50084—2017）第 6. 1. 1 条的规定，且必须迅速扑救初期火灾的场所；

3. 火灾危险等级为严重危险级Ⅱ级的场所。

项目六　水幕系统

一、系统组成

水幕系统由开式洒水喷头或水幕喷头、雨淋报警阀组和感温雨淋报警阀组、供水与配水管道、控制阀等组成，用于防火分隔和防护冷却的开式系统。除选用喷头可能不同之外，水幕系统的组成和雨淋系统基本相同。水幕系统按作用分为防火分隔水幕和防护冷却水幕。水幕系统和防护冷却系统与其他几种系统不同，它们不具备直接灭火的能力。

二、工作原理

水幕系统除设置场所和作用与雨淋系统不同之外，系统的工作原理和电动控制都与雨淋系统相同。系统处于准工作状态时，由消防水箱或稳压泵、气压给水设备等稳压设施维持雨淋报警阀入口前管道内的充水压力。发生火灾时，电动控制的水幕系统，由火灾自动报警系统联动打开雨淋报警阀的电磁阀，控制腔泄压，雨淋阀开启，水进入配水管网，所有开式洒水喷头同时喷水，此时水也进入报警管路，水力警铃发出声响报警，压力开关动作连锁启泵，消防水泵投入运行后，完成系统的启动过程。

三、适用范围

防火分隔水幕系统利用密集喷洒形成的水墙或多层水帘，可封堵防火分区处的孔洞，阻挡火灾和烟气的蔓延，因此适用于局部防火分隔处替代防火墙。防护冷却水幕系统则利用喷水在物体表面形成的水膜，降低防火分区处防火分隔设施的温度，使防火分隔设施的完整性和隔热性免遭火灾破坏，因此适用于对防火卷帘、防火玻璃墙等防火分隔设施的冷却保护。

模块二　自动喷水灭火系统的设备和组件

自动喷水灭火系统主要由洒水喷头、报警阀组、水流指示器、自动排气阀、末端试水装置和管网等组件组成，本模块主要介绍其结构组成和设置要求。

项目一　洒水喷头

一、洒水喷头的分类

根据结构形式、安装方式、热敏元件、覆盖面积、灵敏度和应用场所等，洒水喷头可分为不同的类型，其设置要求也有所区别。

（一）根据结构形式分类

洒水喷头按结构形式分成开式洒水喷头（见图 3－6）和闭式洒水喷头（见图 3－7）。开式洒水喷头是无释放机构的洒水喷头，喷口呈常开状态，应用于开式系统，通过喷头，管网在准工作状态和大气是相通的。闭式洒水喷头具有释放机构，由玻璃球或易熔元件、密封件等零件组成，应用于闭式系统，准工作状态时，闭式喷头的出水口由释放机构封闭，达到公称动作温度时，玻璃球爆破或易熔元件熔化，释放机构自动脱落，喷头开启喷水。

图 3－6　开式洒水喷头

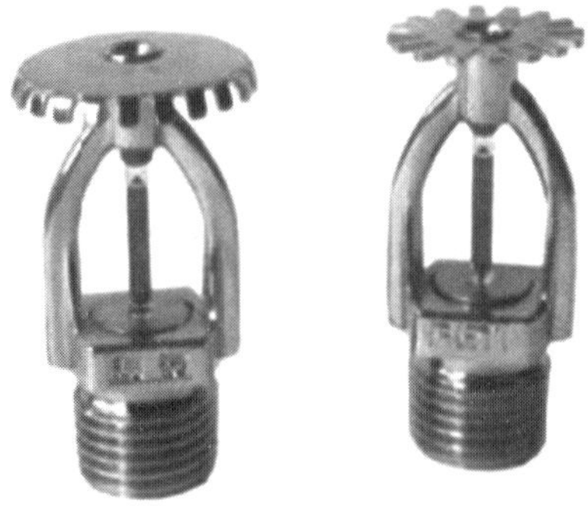

图 3－7　闭式洒水喷头

（二）根据热敏感元件分类

洒水喷头按热敏感元件可分为易熔元件洒水喷头（见图 3－8）和玻璃球洒水喷头（见图 3－9）。易熔元件洒水喷头是通过易熔金属元件受热熔化而开启的喷头。玻璃球洒水喷头是通过玻璃球内充装的液体受热膨胀使玻璃球爆破而开启的喷头。

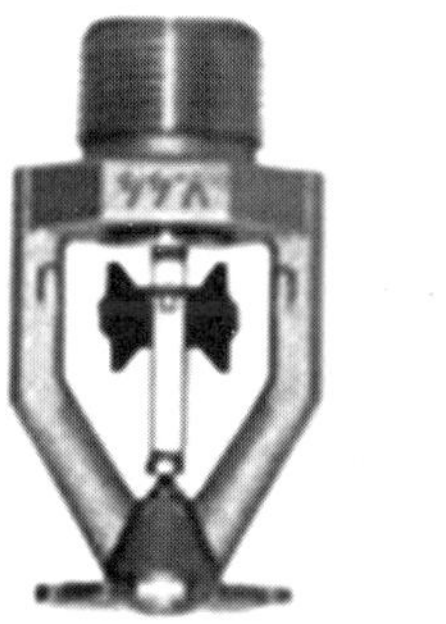

图 3－8　易熔元件洒水喷头

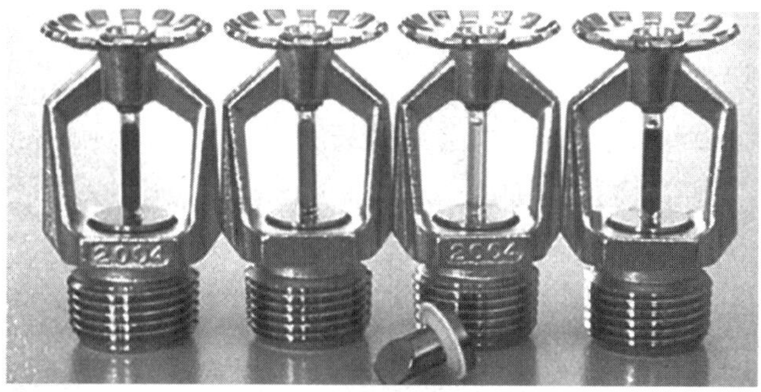

图 3－9　玻璃球洒水喷头

根据《自动喷水灭火系统第 1 部分：洒水喷头》（GB 5135. 1—2003），玻璃球洒水喷头的公称动作温度分为 13 档，易熔元件洒水喷头的公称动作温度分为 7 档。为了区分不同公称动作温度的喷头，将感温玻璃球中的工作液和易熔元件喷头的轭臂标示为不同的颜色，闭式洒水喷头的公称动作温度和颜色标志见表 3－1。

表 3－1　喷头动作温度和色标

玻璃球喷头		易熔元件喷头	
公称动作温度/℃	液体色标	公称动作温度/℃	轭臂色标
57	橙		
68	红		
79	黄		
93	绿	57～77	无色
107	绿	80～107	白
121	蓝	121～149	蓝
141	蓝	163～191	红
163	紫	204～246	绿
182	紫	260～302	橙
204	黑	320～343	橙
227	黑		
260	黑		
343	黑		

（三）根据安装方式分类

洒水喷头按安装方式可分为直立型喷头、下垂型喷头、边墙型喷头和吊顶型喷头。

直立型喷头（见图 3－10）是溅水盘呈弧形，喷头直立安装，水流向上冲向溅水盘，喷出水流成抛物状，60%～80%的水量向下喷洒的喷头。

下垂型喷头（见图 3－11）是溅水盘呈平板状，喷头下垂安装，水流向下冲向溅水盘，喷出水流成抛物状，全部水量向下喷洒的喷头。

图 3－10　直立型喷头

图 3－11　下垂型喷头

边墙型喷头又可分为直立边墙型喷头（见图 3－12）和水平边墙型喷头（见图 3－13）。喷头靠墙安装，在一定的保护面积内，将水向一边喷洒分布，喷出的水呈半抛物状，85%的水喷向前方或上方。

图 3-12　直立边墙型喷头

图 3-13　水平边墙型喷头

吊顶型喷头根据安装方式又可分为隐蔽式喷头、嵌入式喷头和齐平式喷头。

1. 隐蔽式喷头。隐蔽式喷头（见图 3-14）是指带有装饰盖板，隐蔽安装的嵌入式喷头。

图 3-14　隐蔽式喷头

2. 嵌入式喷头。嵌入式喷头（见图 3-15）是指除根部螺纹外，喷头的全部或部分本体被安装在嵌入吊顶的护罩内的喷头。

图 3-15　嵌入式喷头

3. 齐平式喷头。齐平式喷头（见图 3-16）是指喷头的部分本体（包括根部螺纹）安装在吊顶下平面以上，而部分或全部热敏感元件在吊顶下平面以下的喷头。

图 3－16　齐平式喷头

（四）根据灵敏度分类

洒水喷头根据其灵敏度，可分为早期抑制快速响应（ESFR）喷头（见图 3－17）、快速响应喷头（见图3－18）、特殊响应喷头（见图3－19）和标准响应喷头（见图3－20）。早期抑制快速响应喷头的响应时间指数为 $RTI \leq 28 \pm 8\ (m \cdot s)^{0.5}$；快速响应洒水喷头的响应时间指数为 $RTI \leq 50\ (m \cdot s)^{0.5}$；特殊响应洒水喷头的响应时间指数为 $50 < RTI \leq 80\ (m \cdot s)^{0.5}$；标准响应喷头的响应时间指数为 $80 < RTI \leq 350\ (m \cdot s)^{0.5}$。

图 3－17　ESFR 喷头

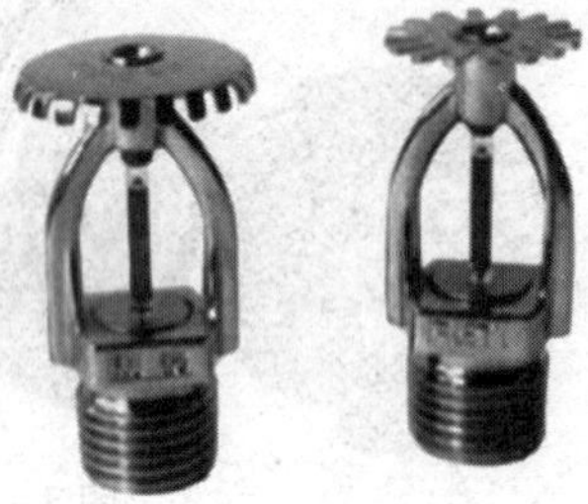

图 3－18　快速响应喷头

图 3－19　特殊响应喷头

图 3－20　标准响应喷头

（五）根据覆盖面积分类

洒水喷头根据单只喷头的覆盖面积可分为标准覆盖面积喷头和扩大覆盖面积（EC）喷头。标准覆盖面积洒水喷头是指流量系数 K≥80，一只喷头的最大保护面积不超过 $20m^2$ 的直立型、下垂型洒水喷头及一只喷头的最大保护面积不超过 $18m^2$ 的边墙型洒水喷头。扩大覆盖面积洒水喷头是指流量系数 K≥80，一只喷头的最大保护面积大于标准覆盖面积洒水喷头的保护面积，且不超过 $36m^2$ 的洒水喷头，包括直立型、下垂型和边墙型扩大覆盖面积洒水喷头。

（六）根据应用场所分类

洒水喷头根据应用场所分类，除普通喷头之外，还有早期抑制快速响应（ESFR）喷头、特殊应用喷头和家用喷头。

早期抑制快速响应（ESFR）喷头是指流量系数 K≥161，响应时间指数 RTI≤28 ± 8 $(m \cdot s)^{0.5}$，用于保护堆垛与高架仓库的标准覆盖面积洒水喷头，是高堆垛仓库和高架仓库专业喷头。

特殊应用喷头是指流量系数 K≥161，具有较大水滴粒径，在通过标准试验验证后，可用于民用建筑和厂房高大空间场所以及仓库的标准覆盖面积洒水喷头，包括非仓库型特殊应用喷头和仓库型特殊应用喷头。

家用喷头是指适用于住宅建筑和非住宅类居住建筑的一种快速响应洒水喷头。

（七）按特殊使用类型分类

洒水喷头按特殊使用类型分类可分为：干式专用喷头、带涂层喷头和带框架喷头等。

1. 干式专用喷头。干式专用喷头（见图 3－21）是指由一个特殊短管和安装于特殊短管出口的喷头组成，在短管入口处有一个密封物。在喷头动作前，此密封物可阻止水进入短管。

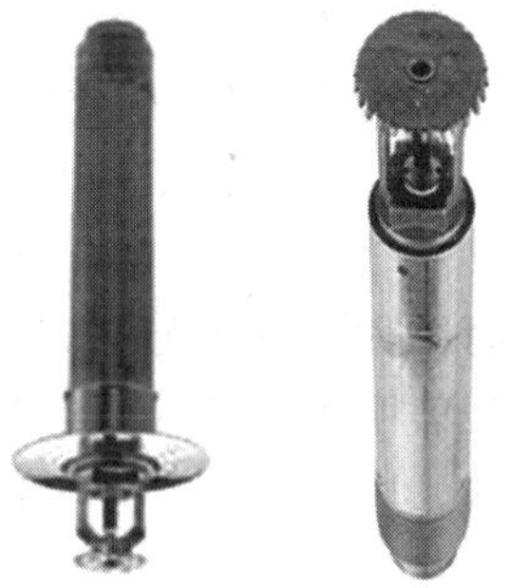

图 3－21　干式专用喷头

2. 带涂层喷头。带涂层喷头是指表面具有特殊涂层（如蜂蜡或沥青等易熔防腐材料）或电镀层的喷头，应用在有腐蚀性环境的场所。

3. 带框架喷头。带框架喷头（见图 3－22）是指带保护罩的喷头，应用在易受碰撞的部位。

图 3－22　带框架喷头

二、洒水喷头的型号规格的标记

（一）洒水喷头的性能代号

洒水喷头性能代号表明喷头的洒水分布类型、热响应类型或安装位置等特性，由下列符号构成：

通用型喷头：ZSTP

直立型喷头：ZSTZ

下垂型喷头：ZSTX

直立边墙型喷头：ZSTBZ

下垂边墙型喷头：ZSTBX

通用边墙型喷头：ZSTBP

水平边墙型喷头：ZSTBS

齐平式喷头：ZSTDQ

嵌入式喷头：ZSTDR

隐蔽式喷头：ZSTDY

干式喷头：ZSTG

快速响应喷头、特殊响应喷头在性能代号前分别加“K”“T”并以“－”与性能代号间隔，标准响应喷头在性能代号前不加符号；带涂层喷头、带防水罩的喷头在性能代号前分别加“C”“S”，并以“－”与性能代号间隔。

（二）洒水喷头的标记

洒水喷头的型号规格由类型特征代号（型号）、性能代号、公称直径和公称动作温度等部分组成。其中类型特征代号表明了产品的结构形式和特征，由不超过3位大写英文字母、阿拉伯数字或其组合构成，由生产商自己命名。

洒水喷头的标记如下：

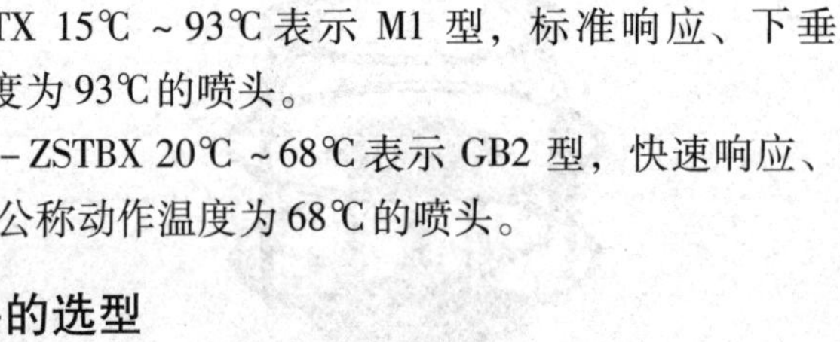

示例1：M1 ZSTX 15℃～93℃表示M1型，标准响应、下垂安装，公称直径为15mm，公称动作温度为93℃的喷头。

示例2：GB2 K－ZSTBX 20℃～68℃表示GB2型，快速响应、边墙型、下垂安装，公称直径为20mm，公称动作温度为68℃的喷头。

三、洒水喷头的选型

（一）基本要求

1. 设置闭式系统的场所，洒水喷头类型和场所的最大净空高度应符合表3－2的规定；但仅用于保护室内钢屋架等建筑构件的洒水喷头和设置货架内置洒水喷头的场所，可不受此表规定的限制。

2. 闭式系统的洒水喷头，其公称动作温度宜高于环境最高温度30℃。

表3－2　洒水喷头类型和场所净空高度

<table>
<tr><th colspan="2" rowspan="2">设置场所</th><th colspan="3">喷头类型</th><th rowspan="2">场所净空高度h（m）</th></tr>
<tr><th>一只喷头的保护面积</th><th>响应时间性能</th><th>流量系数K</th></tr>
<tr><td rowspan="7">民用建筑</td><td rowspan="4">普通场所</td><td rowspan="3">标准覆盖面积洒水喷头</td><td>快速响应喷头</td><td rowspan="3">K≥80</td><td rowspan="4">h≤8</td></tr>
<tr><td>特殊响应喷头</td></tr>
<tr><td>标准响应喷头</td></tr>
<tr><td>扩大覆盖面积洒水喷头</td><td>快速响应喷头</td><td>K≥80</td></tr>
<tr><td rowspan="3">高大空间场所</td><td>标准覆盖面积洒水喷头</td><td>快速响应喷头</td><td>K≥115</td><td rowspan="2">8＜h≤12</td></tr>
<tr><td colspan="3">非仓库型特殊应用喷头</td></tr>
<tr><td colspan="3">非仓库型特殊应用喷头</td><td>12＜h≤18</td></tr>
<tr><td colspan="2" rowspan="6">厂房</td><td rowspan="2">标准覆盖面积洒水喷头</td><td>特殊响应喷头</td><td rowspan="2">K≥80</td><td rowspan="3">h≤8</td></tr>
<tr><td>标准响应喷头</td></tr>
<tr><td>扩大覆盖面积洒水喷头</td><td>标准响应喷头</td><td>K≥80</td></tr>
<tr><td rowspan="2">标准覆盖面积洒水喷头</td><td>特殊响应喷头</td><td rowspan="2">K≥115</td><td rowspan="3">8＜h≤12</td></tr>
<tr><td>标准响应喷头</td></tr>
<tr><td colspan="3">非仓库型特殊应用喷头</td></tr>
<tr><td colspan="2" rowspan="4">仓库</td><td rowspan="2">标准覆盖面积洒水喷头</td><td>特殊响应喷头</td><td rowspan="2">K≥80</td><td rowspan="2">h≤9</td></tr>
<tr><td>标准响应喷头</td></tr>
<tr><td colspan="3">仓库型特殊应用喷头</td><td>h≤12</td></tr>
<tr><td colspan="3">早期抑制快速响应喷头</td><td>h≤13.5</td></tr>
</table>

（二）喷头选型

1. 湿式系统的洒水喷头选型应符合下列规定：

（1）不做吊顶的场所，当配水支管布置在梁下时，应采用直立型洒水喷头；

（2）吊顶下布置的洒水喷头，应采用下垂型洒水喷头或吊顶型洒水喷头；

（3）顶板为水平面的轻危险级、中危险级Ⅰ级住宅建筑、宿舍、旅馆建筑客房、医疗建筑病房和办公室，可采用边墙型洒水喷头；

（4）易受碰撞的部位，应采用带保护罩的洒水喷头或吊顶型洒水喷头；

（5）顶板为水平面，且无梁、通风管道等障碍物影响喷头洒水的场所，可采用扩大覆盖面积洒水喷头；

（6）住宅建筑和宿舍、公寓等非住宅类居住建筑宜采用家用喷头；

（7）不宜选用隐蔽式洒水喷头；确需采用时，应仅适用于轻危险级和中危险级Ⅰ级场所。

2. 干式系统、预作用系统应采用直立型洒水喷头或干式下垂型洒水喷头。

3. 水幕系统的喷头选型应符合下列规定：

（1）防火分隔水幕应采用开式洒水喷头或水幕喷头；

（2）防护冷却水幕应采用水幕喷头。

4. 自动喷水防护冷却系统可采用边墙型洒水洒头。

5. 下列场所宜采用快速响应洒水喷头。当采用快速响应洒水喷头时，系统应为湿式系统。

（1）公共娱乐场所、中庭环廊；

（2）医院、疗养院的病房及治疗区域，老年、少儿、残疾人的集体活动场所；

（3）超出消防水泵接合器供水高度的楼层；

（4）地下商业场所。

6. 同一隔间内应采用相同热敏性能的洒水喷头。

7. 雨淋系统的防护区内应采用相同的洒水喷头。

项目二　报警阀组

报警阀组是自动喷水灭火系统的重要组成部分，是水流控制阀。报警阀组能根据火灾的发生，自动开启，控制水流入系统，同时发出报警信号和传递控制信号，具有完成报警和自动启动系统的功能，同时还具有试验和防止误报警的功能。自动喷水灭火系统类型不同，对报警阀组的性能要求也不同，因此，不同类型的系统需选用不同的报警阀组。

在自动喷水灭火系统中为什么必须使用报警阀，而不能用电动阀一类的阀门取代。这是因为：（1）报警阀完全是由水力控制的阀门，不受供电及其他外来因素的干扰，动作可靠。（2）报警阀在动作时，启动迅速，从动作到全开可在瞬间完成，没有明显的启闭过程，使火场迅速得到符合要求的供水。（3）报警阀的报警信号只有在阀开启动作后有水流动才能发出，是真实表达报警阀开启的信号，而采用其他阀门则难以做到。

一、报警阀组的分类及组成

报警阀组分为湿式报警阀组、干式报警阀组、雨淋报警阀组和预作用报警阀组。

（一）湿式报警阀及其阀组

1. 湿式报警阀及其阀组的组成。湿式报警阀（见图3－23）是湿式自动喷水灭火系统的专用阀门，按照现行规范也用于防护冷却系统。它安装在总供水干管上，连接在供水设备和配水管网之间，是一种只允许水流单方向流入配水管网、并在规定压力和流量下报警的止回型阀门。它与延迟器、压力开关、水力警铃等组成报警阀组。

图 3－23　湿式报警阀组

（1）延迟器。延迟器（见图 3－24）是一个在伺应状态下为空容积的罐体，安装于报警阀与水力警铃（或压力开关）之间，其底部设有节流孔。用它来防止报警装置在水压发生正常波动时误报警。

图 3－24　延迟器

事实上，即使在伺应状态，无论系统的配水管网还是水源管道的水压也都不会是恒定不变的，自动喷水灭火系统中水压波动有三种情况：

①管网和阀件等的泄漏。系统管网和阀门组件，湿式报警阀的微小内漏和外漏引起压力降低，从而导致稳压泵的启动和停泵，使系统发生较小压力波动。

②系统水源的压力波动，如城市市政管网水源的压力波动，共用水源的其他用水设备的启用和停用、喷淋泵的启动和停泵而引起的较大的压力波动。

③系统正常动作。系统配水管网闭式喷头开放、或末端试水阀开放、或模拟一只喷头开放的试验阀开启等造成系统侧腔压力降低，从而引起主阀板开启所引起的持续的压力波动。

依靠阀板两侧压力差来动作的湿式报警阀是异常敏感的，为了减少正常情况下水源压力波动造成的误动作，首先必须设置副阀，即补偿器，副阀通过的流量很小，可以平衡较小的压力波动。而较大的压力波动还是需要主阀板动作来平衡，但是主阀板一旦动作，水流就会进入环形槽，经过信号口进入报警管路，从而引起报警，这是不允许的，所以根据水源波动的特点（压力冲击是短暂而反复衰减的波动；喷头开放引起的是长时间的持续稳定的波动）在湿式报警阀的报警管路上安装了延迟器，以延迟器的空容积来换取时间，缓冲短暂压力波动对报警装置的冲击。由于水流波动，水进入延迟器后，因为水的流量小，时间短，进入延迟器的水会从延迟器底部的节流孔排出，使延迟器无法充满水，更不能从出口流向压力开关和水力警铃。当系统动作，湿式报警阀开启，尽管延迟器通过节流孔始终排水，但由于进入延迟器的水量大于排出量，造成水量的积累，积累到一定时间，水流充满延迟器，并进入报警装置内，当延迟器顶部出口压力达到0.05MPa以上时，报警装置即发出报警信号。从喷头开放或手动放水时开始，至延迟器顶部出口压力达到0.05MPa时止，即为延迟器的延迟时间。规范规定这段延迟时间应在5～90s内。另外延迟器应能在断流后的5min内自动将水排空。延迟器的另一个功能是对下游的组件（如水力警铃、压力开关）起缓冲稳压作用，使它们免受高压水流的冲击。

（2）压力开关。压力开关（见图3－25）是一种压力传感器，是报警阀组报警管路上的重要报警装置，其作用是将报警管路中的压力信号转化为电信号。压力开关由本体、压力动作组件、密封膜片及信号输出部件组成。接压力开关的管道充水压力达到设定值时，压力开关受到水压的作用后接通电触点，输出信号，实现报警和启动消防水泵的功能。

按照消防设计文件或者厂家提供的安装图纸安装管网上的压力控制装置。压力开关竖直安装在通往水力警铃的管道上，安装中不得拆装改动。压力开关、信号阀、水流指示器等引出线采用防水套管锁定。

图3－25 压力开关

（3）水力警铃。水力警铃（见图3－26）是一种靠水力驱动的机械警铃，也叫水力驱动报警器，直接装于报警阀组的报警管路上。报警阀开启后，水流进入水力警铃并形成一股高速射流，冲击水轮带动铃锤快速旋转，敲击铃盖发出声响警报。水力警铃的工作压力不应小于0.05MPa，并应符合下列规定：

①应设在有人值班的地点附近或公共通道的外墙上；

②与报警阀连接的管道，其管径应为20mm，总长不宜大于20m。

图3－26 水力警铃

湿式报警阀组在系统侧还应设有试验泄放阀，不仅可用于试验报警阀的可靠性，还可用于排放系统管网的水。同时在水源侧还应设有试警铃管路和试警铃阀，在不开启报警阀的情况下，试验报警管路的功能。

2. 湿式报警阀组的工作原理。湿式报警阀按其结构形式可分为蝶阀型，导阀型和隔板座圈型三种，其中隔板座圈型应用最多。隔板座圈型湿式报警阀按其对正常压力波动的补偿方式又分为内补偿平衡式和外补偿平衡式。不论补偿方式如何，它们的工作原理是相同的。所谓内补偿平衡方式是指阀板上设置一个副阀，该副阀是一个限制流量的单方向补偿的止回阀，只允许一定流量的水，由阀的水源侧腔流向阀的系统侧腔，以平衡两腔的压力。而外补偿平衡方式是指主阀板上不设副阀，而将上下腔之间用管道相连，在连接的管道上设一个副阀，其功能也是限量地单向由下腔向上腔补水，而不允许水流反向流动来平衡上下腔的压力。

湿式报警阀的主阀板在关闭时，把阀腔分为上下两个腔体，外补偿平衡方式的报警阀的上下两个腔体，由外部管道单向连通，而内补偿平衡方式的报警阀的上下腔、由主阀板上的副阀单向连通。

湿式报警阀在伺应状态下的阀板是关闭的。阀板的上下腔都充满着水，而且其压强均相等，但是阀板上表面与水接触的面积大于下表面与水接触的面积，因此阀板受到的水压合力向下。在水压力及自重的作用下，阀板坐落在阀座上，处于关闭状态。当上下腔压力不平衡或水源压力出现波动或冲击时，通过延迟器和补偿器防止误报警。当闭式喷头喷水灭火时，补偿器来不及补水，阀板上面的水压下降，当其下降到使下腔的水压足以开启阀板时，下腔内的水便向配水管网及动作喷头供水，同时水沿着报警阀的环形槽进入报警口，流入报警管路，流向延迟器、水力警铃和压力开关，警铃发出声响警报，压力开关动作联动，启动自动喷水灭火系统的供水泵，并将动作信号传给联动控制器。

（二）干式报警阀及其阀组

干式报警阀是专用于干式系统的报警阀。它和湿式报警阀在功能上是相似的，如报警功能、接通和截断水源的功能、试验报警装置及供水设施的功能、排水功能等都是相同的，但干式系统的配水管网充装的是压缩气体，而且其报警管路上又不设延迟器，因此，干式报警阀具有低气压报警功能，而没有识别系统压力波动并予以补偿的功能，但同样有防止误报的功能。这样，干式报警阀组（见图 3－27）在结构上和湿式报警阀组虽然有较大的区别，但动作原理是相似的。

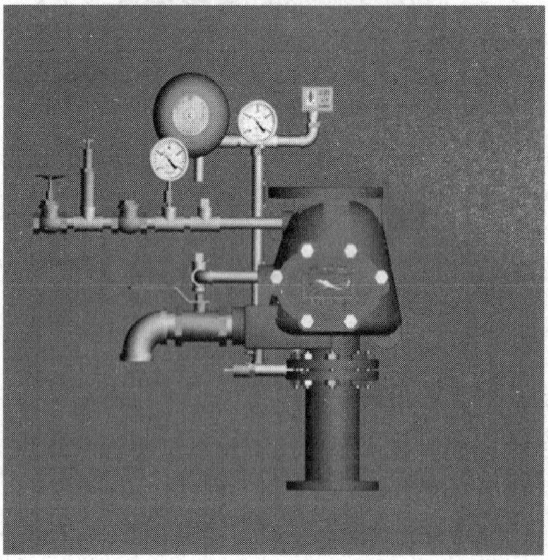

图 3－27　干式报警阀组

1. 干式报警阀及其阀组的组成。干式报警阀的阀座由两个同心圆的水阀座和气阀座构成，它们与同一个带密封垫的阀板共同组成一个能够开启或关闭的“自动阀”。在关闭状态时，阀板将阀腔分为三个相互隔绝的空间，即阀板上方的充气腔、阀板下方的水源腔和被阀板盖住的由气阀座与水阀座形成的圆环腔体——中间室。中间室通过信号管口与滴水球阀和报警管路相通。平时，中间室是与大气相通的，只有在阀板开启后，水才从信号管口进入报警管路，使报警设施报警。

充气腔又叫系统侧腔，它与系统配水管网相通，平时充注有一定压力的压缩空气或氮气。为了防止充注气体从气阀座处渗漏，并防止阀板的活动机构上的沉积物“硬化”使活动受阻，因此，阀体还设有注水口，平时充注 50～100mm 深的水，淹没阀座和阀板的所有活动部件，形成水封注水口也是溢流口，防止注水过多影响阀板动作。在阀体上还设有充气口，是气源向干式系统供气的入口。

干式报警阀的系统侧腔与系统配水管道连接，而干式报警阀的水源侧腔则和供水管道连接，在供水管道上设有水源控制阀。为了试验系统供水管路是否能正常供水，在阀的水源侧腔上还设有主排水口和主排水阀。为了试验报警装置的可靠性，在水源侧腔上还设有试警铃管路和试警铃阀。

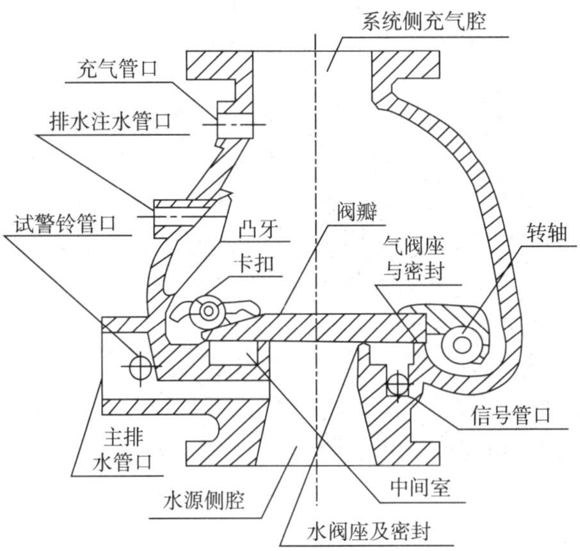

图 3-28　干式报警阀的结构

干式报警阀与湿式报警阀的另一个不同之处是，湿式报警阀能够自动接通和自动关闭水源，而干式报警阀只能自动接通水源，却不允许自动关闭水源，即不允许报警阀在自动开启后又自动复位。所以干式报警阀的结构（见图 3-28）上设有一个防自动复位的机构和手动复位的机构。该机构是依靠组件卡扣和设在腔体上的凸牙来实现防止阀板自动复位的。当阀板在水源侧腔水压作用下开启后，是保持在全开位置的，当水源水压波动时，阀板可能回复，这时固定在阀板上的卡扣的掣爪会被腔体上的凸牙所挡住，凸牙只允许掣爪向上运动，不允许掣爪向下运动，因此阀瓣无法恢复到关闭状态，除非手动复位。

干式报警阀及配水管网平时需要维持一定气压，需要气源供给，干式报警阀的充气是直接充注在阀板上方的，充气口也设在干式报警阀的充气腔上。

气源供给一般采用空压机给系统管网充装压缩空气。此时，气压维持装置中应设气体压力调节器，而且，供给气体压力调节器的气源的最小压力应高于干式系统所需的设定压力，因为压力调节器只能向下调整压力，并需要一定的调节空间。

干式系统在系统管网中充注压缩空气的作用是：（1）干式报警阀的结构和需要的差动效果决定了干式报警阀的充气腔必须充气；（2）干式报警阀在伺应状态下，阀瓣不仅应关闭在阀座上，而且应保持阀瓣与阀座之间的密封效果；（3）干式系统是闭式系统的，当配水管网上的闭式喷头开放后，必须通过充注的压缩空气来传递喷头开放的信息，并使干式阀的阀瓣自动开启。

2. 干式报警阀组的工作原理。在伺应状态下，干式报警阀处于关闭位置，橡胶面的阀板紧紧地闭合于两个同心的水、气密封阀座上，内侧为水密封圈，外侧为气密封圈，内、外侧之间的环形隔离室与大气相通。大气由平时开启的低水球阀通向报警管路和中间室。在注水口加水加到打开注水排水阀有水流出为止，然后关闭注水口。注水是为了起到水封的作用，防止系统中的空气泄漏等。只要管道的气压保持在适当值，阀瓣就始终处于关闭状态。当系统喷头开放后，管网气压下降，达到阀板的动作压差，阀板开启，水源侧的水进入配水管网，同时进入报警管路，水力警铃报警，压力开关动作，联动打开消防水泵，并将动作信号传给联动控制器（见图 3－29）。

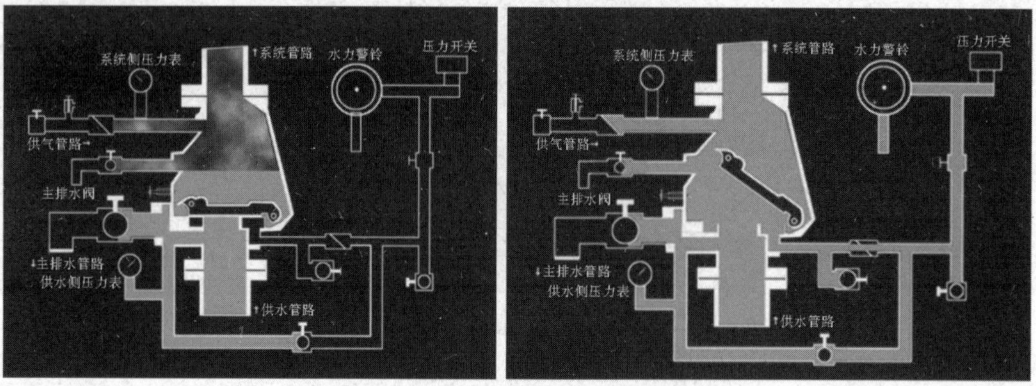

图 3－29　干式报警阀的工作原理

（三）雨淋报警阀及其阀组

雨淋报警阀是一种自动供水控制阀，它可以瞬间开启，让水涌入阀腔进入配水管网。其阀板可以通过电动、机械或其他方法进行开启。雨淋报警阀按结构常用的有角式隔膜雨淋阀（见图 3－30）、推杆式雨淋阀（见图 3－31）、直通式隔膜雨淋阀（见图 3－32）。我国目前用得最多的是直通式隔膜雨淋阀结构（见图 3－33）。

雨淋报警阀是应用最为广泛的报警阀，它可以用于闭式系统，如预作用系统，及预作用系统与泡沫供给装置联用的系统，还大量地用于开式系统，如雨淋系统，水幕系统，水喷雾系统，及这些系统与泡沫供给装置联用的系统，相比之下，湿式报警阀、干式报警阀只能用于各自的系统，而且只能依赖火灾热量启动闭式洒水喷头来使系统启动，控制方式单一。

图 3－30　角式隔膜雨淋阀

图 3－31　推杆式雨淋阀

图 3－32　直通式隔膜雨淋阀

1. 雨淋报警阀及其阀组的组成。雨淋报警阀在构造上具有与单向阀相近的特征，而且它们都能在瞬间由一个动作达到全开状态，并且是自动完成，不需要人工操作。但是雨淋报警阀却不具有单向流动功能，这是因为，按我国国家标准《自动喷水灭火系统第 5 部分：雨淋报警阀》（GB 5135. 5—2018）的规定，雨淋必须通过防复位试验，证明其具有防止阀板组件动作后重新回复到伺应状态的功能。因此，采用防复位锁止机构来实现这一功能，可见雨淋阀并不具有单向阀的功能，不能称为单向阀。即使是能用于重复启闭预作用系统的角式隔膜雨淋阀（见图 3 – 34），它虽然能够反复启闭，但阀板的关闭不是依赖水流介质的能量来驱动的，而是依靠传动控制腔的压力升高来控制的，从这个意义上讲，角式隔膜雨淋阀也不具有单向阀的功能。所以雨淋阀不是单向阀，而是水力自动阀。

雨淋阀的阀腔分为水源侧腔、系统侧腔、控制腔（也叫传动腔或压力腔）三部分。控制腔与供水管道连通，中间设只可单向流动的限流传压的孔板。报警管路从系统侧腔接出，并设有自动滴水球阀。

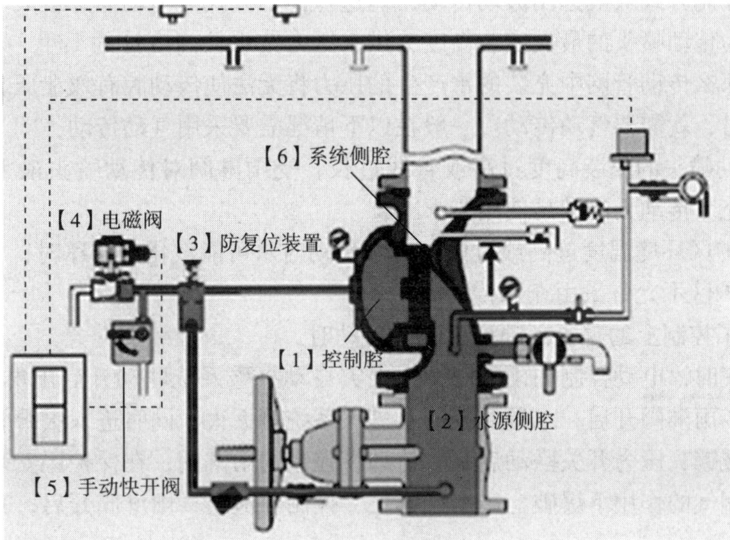

图 3 – 33　直通式隔膜雨淋阀结构

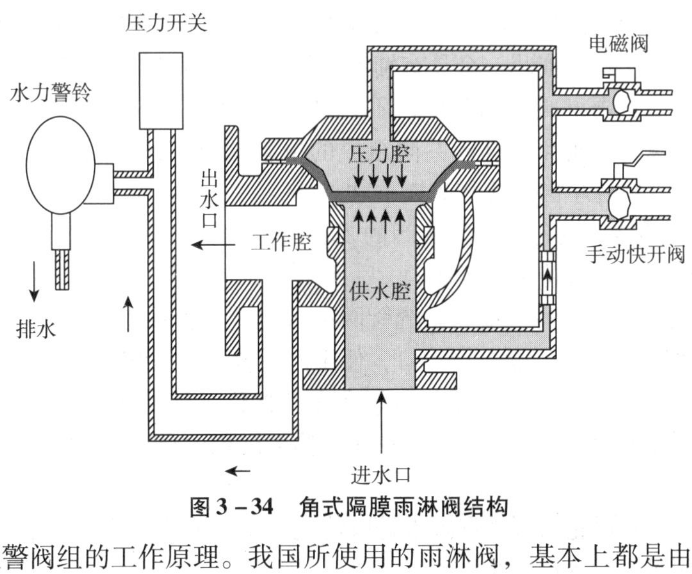

图 3 – 34　角式隔膜雨淋阀结构

2. 雨淋报警阀组的工作原理。我国所使用的雨淋阀，基本上都是由水力操作的压差型自动阀，阀体的水源侧腔的力为水源供水压力，而阀的系统侧腔则直通大气（通过报警信号口的自动滴水球阀与大气连通）。而雨淋阀阀板的启、闭是受控于阀体传动腔（也叫控制腔）的水压的变化。控制传动腔压力发生变化的途径有：电控信号使电磁阀动作、火灾热量使传动喷头或温感压力释放器动作、人工开启应急阀门等。所以雨淋阀的控制方式有三种：电动控制、传动管控制和手动应急开启方式。如果保护场所设有火灾自动报警系统，雨淋阀可以采取电动控制方式，如果没有火灾自动报警系统，雨淋阀可以采用传动管控制方式，根据实际情况可以采用液动传动或气动传动，无论哪一种自动控制方式都必须有手动应急开启的方式。在所有的报警阀中，雨淋阀是唯一能够由电气控制信号或人工应急操作使它开启的报警阀。

传动管控制方式一般选用液动传动，但这种控制方式的传动喷头最大安装高度有要求。一般认为传动喷头的最大安装高度为供水压力按水柱高度计的1/4，如果传动喷头安装过高，那么传动管网中充装的水产生的压力将无法使传动腔有效泄压，雨淋阀将无法开启。此时，就需要气动传动。一般在以下情况需要采用气动传动：

（1）传动喷头的安装高度过高或管线过长，受雨淋阀对传动喷头最大安装高度的限定，采用充水传动无法满足使用要求时；

（2）保护区环境温度过高或过低，充水传动时水可能汽化或结冰时；

（3）保护区不允许采用充水传动时；

（4）为了控制上的需要必须采用充气传动时。

发生火灾时，电动控制的雨淋阀，由火灾自动报警系统联动开启雨淋阀的电磁阀，控制腔泄压，雨淋阀开启，水源侧腔的水进入系统侧灭火，同时进入报警管路，水力警铃发出声音报警，压力开关联动启泵。传动管控制的雨淋阀，在保护区安装的闭式传动喷头，在热烟气的作用下爆破，出水或排气，控制腔泄压，雨淋阀开启，其他同电动控制的雨淋阀。

（四）预作用装置

预作用系统所使用的报警阀，都是雨淋阀。为了保证预作用系统配水管网充有压空气，必须在雨淋阀出口处加装一个具有辅助功能的单向阀，将充气管网和雨淋阀之间隔离，只允许水介质从雨淋阀流向管网，不允许有压气体、水介质从配水管网流向雨淋阀。所以，由特殊单向阀和雨淋阀共同组成的报警阀组叫预作用装置（见图3－35），也叫预作用阀组。特殊单向阀应具备以下功能：

1. 单向流动功能，只允许水流从阀的入口流向出口，不允许反向流动，并且具有良好的气密性能，便于维持系统气压；

2. 排水功能，在灭火后应能将系统管网余水放尽，使系统恢复到伺应状态；

3. 充注压缩空气功能，能有接管口，便于向系统充注压缩空气；

4. 充注底水的功能，为了保证单向阀在充气条件下保持密封，使单向阀运动部件不发生黏着，不会因为冷凝水沉积物在动作机构上沉积“硬化”，必须适时向阀板上方注密封底水。

专用止回阀、普通止回阀、湿式报警阀均能满足以上四个功能，较多采用的是湿式报警阀与雨淋阀组成的预作用阀组。

图 3－35　预作用报警装置

（五）三类报警阀组的共同点和差异

1. 三类报警阀组的共同点。湿式报警阀、雨淋报警阀、干式报警阀是自动喷水灭火系统中重要的自动阀门，它们除了各自的特别性能之外，有以下共同的特点：

（1）它们都是由水力控制的自动阀门。湿式报警阀、雨淋报警阀、干式报警阀都是由水力控制的自动阀门。其中湿式阀、干式阀是依靠阀板的上下压差来关闭和启动的，只是湿式阀由阀板上下腔的水压差决定启闭，而干式阀由阀板上腔气压和阀板下腔水压来决定启闭，其开启的动力源是下腔水压。

雨淋报警阀的阀板也是靠水压差来决定启闭的，只是水压差源于水源侧腔和传动腔的水压力，其开启的动力源也是水源侧腔的水压。雨淋报警阀虽然可以由火灾自动报警系统启动，但是其启动原理仍依赖于电磁阀开启使传动腔泄压，所以也是以水力控制来启动的。

（2）它们都是快开阀。这种阀门在从阀板动作至完全打开的过程时间极短，不像其他机械阀门那样有较长时间的启闭过程。这正是火场供水需要的。

（3）它们都是水流控制阀。这三种报警阀在关闭时能阻止水流向系统，在开启时能让水流入系统配水管网。湿式报警阀能够自动复位，因此具有单向阀功能，能防止水的倒流。干式报警阀和绝大多数雨淋报警阀都设有防自动复位的锁止机构，必须依靠手动才能复位，因此，不具有单向阀的功能，虽然在结构上具有单向阀的构造，但不能称为单向阀。

（4）它们都是报警阀。这三种阀在阀板开启后，水流向系统时，都能发出声信号和电信号报警。

2. 三类报警阀的差异见表3-3。

表3-3　三类报警阀的差异

	湿式报警阀	雨淋报警阀	干式报警阀
阀的腔体数量	由阀板将阀体分为水源侧腔和系统侧腔，平时阀板关闭，两腔分隔，阀板开启后，两腔互通	阀体分为三个腔体：传动腔、水源侧腔、系统侧腔。传动腔与其余两腔永不相通，水源侧腔和系统侧腔在阀板开启后相通	阀板将阀体分为水源侧腔、系统侧腔和中间室，平时中间室通大气，而水源侧腔和系统侧腔由阀板隔开，在阀板开启后，中间室、水源侧腔、系统侧腔均互通
阀瓣动作原理	伺应状态下，水源侧腔和系统侧腔之间设有副阀通道相通，以平衡两腔之间水压。副阀通道的水流方向是单向地从水源腔流出。系统侧腔失压后，阀瓣失去平衡而打开	平时，系统侧腔为空腔，而传动腔和水源侧腔是单向相通，以维持两腔间水压平衡，水只能从水源侧腔流到传动腔。传动腔失压后，雨淋阀脱扣，阀瓣开启	伺应状态下，系统侧腔充气压力与水源侧腔水压相互平衡，使阀瓣关闭，火灾时，喷头开放系统气压降低，加速器动作，向中间室充气，阀瓣失去平衡而开启
延迟器	设延迟器，识别正常波动与异常水压波动	不设延迟器	不设延迟器
动作方法	阀瓣开启方法：喷头开放、系统腔失压而启动。在非试验条件下，不能手动启动	由电信号或其他方式使传动腔失压脱扣，阀瓣开启。在任何时候，都能手动启动	由闭式喷头开放，系统侧腔失压，阀瓣开启。在非试验条件下，不能手动启动
腔体内介质	腔体内介质：各腔均为相同压力的水	水源侧腔和传动侧腔为相同压力的水，系统侧腔则为空管	水源侧腔为水，系统侧腔为有压气体，中间室与大气相通
补偿装置	设有补偿装置以减少误动作	不设补偿装置	不设补偿装置
信号口位置	在阀瓣盖住的信号槽出口处	在阀的系统侧腔体上	在阀瓣盖住的中间室出口处

二、报警阀组的设置要求

自动喷水灭火系统应根据不同的系统设置相应的报警阀组。保护室内钢屋架等建筑构件的闭式系统应设置独立的报警阀组，水幕系统应设置独立的报警阀组或感温雨淋报警阀。报警阀组宜设在安全且易于操作、检修的地点，距地面高度宜为 1.2m，设有报警阀组的部位应设置排水设施。水力警铃应设置在有人值班的地点附近或公共通道的外墙上，其与报警阀连接的管道直径应为 20mm，总长度不宜大于 20m，水力警铃的工作压力不应小于 0.05MPa。

一个报警阀组控制的喷头数，对于湿式系统、预作用系统不宜超过 800 只，对于干式系统不宜超过 500 只。串联接入湿式系统配水干管的其他自动喷水灭火系统，应分别设置独立的报警阀组，其控制的喷头数计入湿式阀组控制的喷头总数。每个报警阀组供水的最高和最低位置喷头的高程差不宜大于 50m。

雨淋报警阀组的电磁阀，在入口处应设置过滤器；并联设置雨淋报警阀组的雨淋系统，其雨淋报警阀控制腔的入口处应设置止回阀。控制阀安装在报警阀的入口处，用于在系统检修时关闭系统。控制阀应保持在常开位置，保证系统时刻处于警戒状态。连接报警阀进出口的控制阀应采用信号阀，当其处在非全开位置时应将信号反馈至消防控制中心；当采用其他阀门时，必须用锁具锁定阀位。

项目三　其他组件

一、水流指示器

（一）水流指示器的工作原理

水流指示器是在自动喷水灭火系统中将水流信号转换成电信号的一种水流报警装置。水流指示器的桨片与水流方向垂直，喷头开启后引起管道中的水流动，当桨片或膜片感知水流的作用力时带动微动开关动作，电触点闭合，输出信号。带有延时功能的水流指示器，当桨片或膜片感知水流的作用力时带动微动开关动作时，接通延时线路，延时器开始计时。达到设定的延时时间后，桨片仍向水流方向偏转无法回位，电触点闭合，输出信号。当水流停止时，桨片和动作杆复位，触点断开，信号消除。水流指示器按安装方式主要有：螺纹式水流指示器、法兰式水流指示器、马鞍式水流指示器、沟槽式水流指示器、管道中安装的水流指示器等（见图 3－36～图 3－40）。

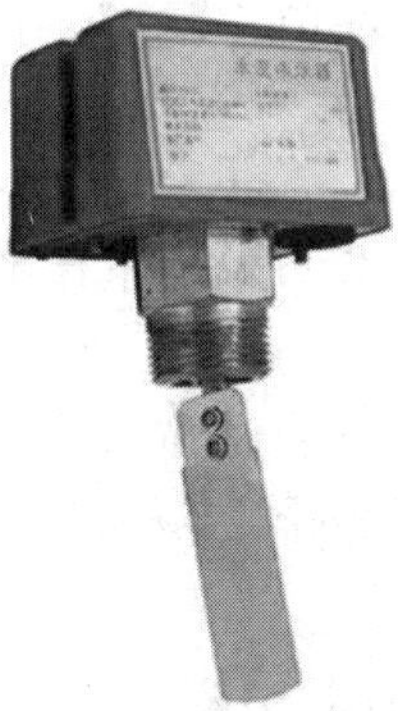

图 3－36　螺纹式水流指示器

图 3－37　法兰式水流指示器

图 3－38　马鞍式水流指示器

图 3 - 39　沟槽式水流指示器

图 3 - 40　管道中安装的水流指示器

水流指示器的最大工作压力为 1.2MPa。具有延迟功能的水流指示器的延迟时间应可以调节，延迟时间应在 2 ~ 90s 范围内。

在 0.14 ~ 1.2MPa 间时，流量小于等于 15.0L/min 时，水流指示器不应报警；报警流量应该是在 15 ~ 37.5L/min 间的任意值，到 37.5L/min 时，必须报警；报警流量不应大于 37.5L/min。水流指示器的工作状态（见图 3 - 41、图 3 - 42）。

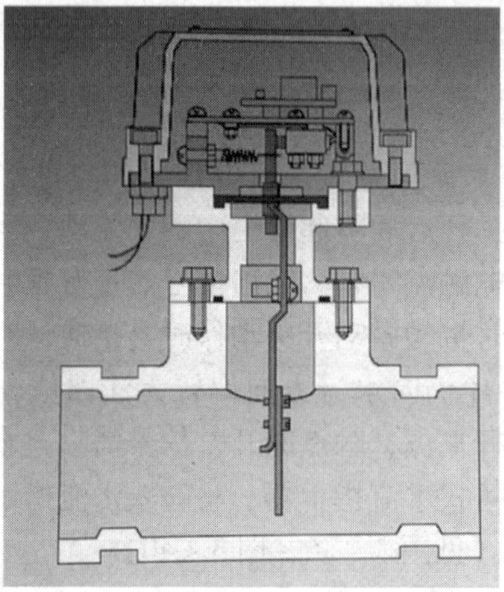

图 3 - 41　水流指示器的准工作状态

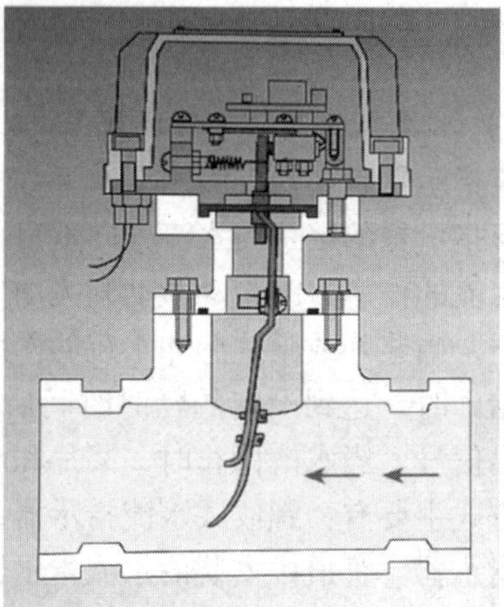

图 3 - 42　水流指示器的工作状态

（二）水流指示器的设置要求

1. 水流指示器宜竖直安装在水平管道上，不能倒装或侧装。也可以安装在垂直管道上，但水流方向必须由下向上流动，不允许反向。

2. 水流指示器的功能是及时报告发生火灾的部位。在设置闭式自动喷水灭火系统的建筑内，除报警阀组控制的洒水喷头仅保护不超过防火分区面积的同层场所外，每个防火分区和每个楼层均应设置水流指示器。

3. 仓库内顶板下洒水喷头与货架内置洒水喷头应分别设置水流指示器。

4. 当在水流指示器入口前设置控制阀时，应采用信号阀，水流指示器与信号阀的距离不宜小于300mm。

二、自动排气阀

（一）自动排气阀

自动排气阀（见图3－43）是一种安装于系统最高点或支管的高点，用来释放供水管道中产生的气穴的阀门。在自动喷水灭火系统和消火栓供水系统未充水时，排气阀呈开启状态，系统管道内空气与大气相通，当压力水进入相通管道后，管内的空气被压缩并推向本阀，通过排气孔自动排出管外；当压力水至本阀后，浮体向上运动，密封排气孔将压力水密封在系统管内，无渗漏。准工作状态时，若管网里有空气，由于空气比水的密度小，空气向上走，通过自动排气阀排出。

自动排气阀必须垂直安装，必须保证阀体内浮筒处于竖直状态，不能水平或倒立安装。为了便于检修，自动排气阀一般跟截断阀一起使用，这样拆卸自动排气阀不需要关停系统。

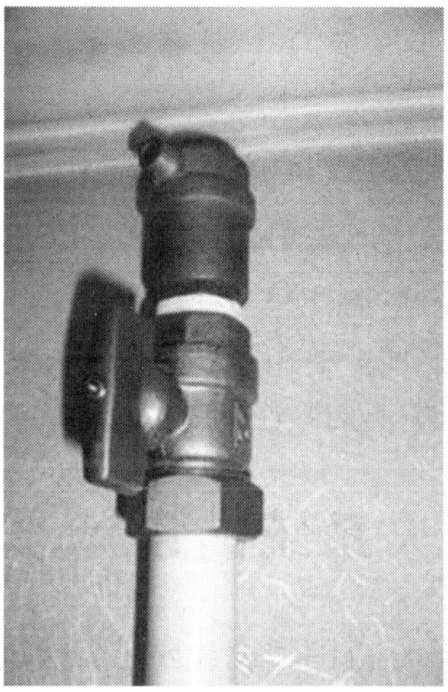

图3－43　自动排气阀

图3－44　快速排气阀

（二）快速排气阀

快速排气阀（见图3－44）也是自动排气阀，区别于微量排气阀，体积大，排气量大，用浮球代替浮筒，所以，快速排气阀也必须符合自动排气阀的安装要求。干式系统和预作用系统的配水管道应设快速排气阀，以使配水管道快速排气充水。有压充气管道的快速排气阀入口前应设电动阀，平时常闭，系统排气充水时打开。

三、末端试水装置

（一）末端试水装置的组成

末端试水装置由试水阀、压力表以及试水接头等组成，其作用是检验系统的可靠性，测试系统能否在开放一只喷头的最不利条件下可靠报警并正常启动，以及测量最不利点处的喷头压力等。同时还可测试干式系统和预作用系统的管道充水时间。

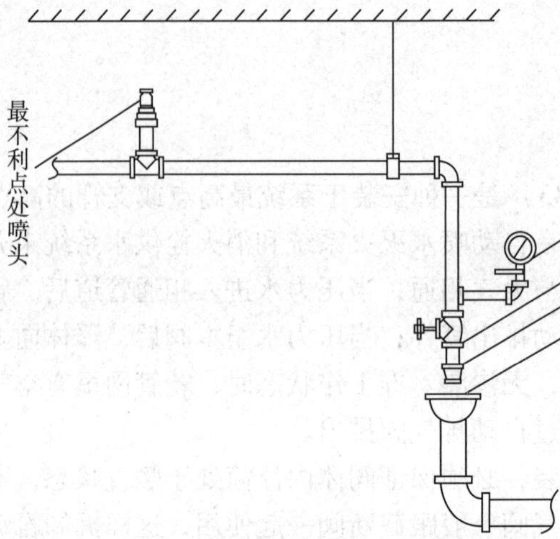

图3-45　末端试水装置

（二）末端试水装置的设置要求

1. 每个报警阀组控制的最不利点喷头处应设置末端试水装置，其他防火分区和楼层均应设置直径为25mm的试水阀。

2. 末端试水装置试水接头出水口的流量系数应等同于同楼层或同防火分区内选用的最小流量系数的洒水喷头。末端试水装置的出水，应采用孔口出流的方式排入排水管道，排水立管宜设伸顶通气管，且管径不应小于75mm。

3. 末端试水装置和试水阀应有标识，并设在便于操作的部位，距地面高度宜为1.5m，并应采取不被他用的措施，且应配备有足够排水能力的排水设施。

模块三　自动喷水灭火系统的设计

自动喷水灭火系统设计应根据设计任务书的设计范围和设计要求，明确保护场所的建筑类别、使用性质、火灾危险等级、现场踏勘明确保护场所的现场条件、水源条件、自然条件，确定系统类型，供水方案，设计基本参数，选择喷头，布置管网，进行水力设计，增稳压设施（高位消防水箱、气压给水设备）的选择及其最低工作压力的确定，喷淋泵选择等。

自动喷水灭火系统设计的主要目的是保证足够的水及时到达着火部位，并均匀布水，使水起到冷却降温的作用，控制或扑灭火灾。自动喷水灭火系统设计的任务是确定系统配水管网的管径，确定系统流量和压力，为选择喷淋泵提供依据。喷淋泵应满足自动喷水灭火系统在火灾时对水量和水压的要求，保证系统在规定的作用面积内按规定的喷水强度洒水，而且必须考虑尽可能降低一次投资和常年运行维护费用。

自动喷水灭火系统设计主要涉及自动喷水灭火系统用水量的计算，在计算系统用水量时必须按系统保护对象的需要，先确定设计基本参数。

项目一　系统管网

一、系统管网

自动喷水灭火系统的管网由水源供水管网和配水管网组成。以报警阀为界，向报警阀供水的管网为供水管网，报警阀下游的管网为配水管网。

（一）配水管网

1. 配水管网的类型和要求。配水管网是向洒水喷头供水，并安装固定洒水喷头，承载喷头洒水的管网。管网的布置形式由保护对象的需要确定。当保护对象为门窗洞口、防火卷帘、玻璃幕墙时，管网为带状，当保护对象为地面或吊顶内的可燃物时，管网为平面状。带状管网和平面状管网都由配水干管、配水管、配水支管、短立管组成。《自动喷水灭火系统设计规范》（GB50084—2017）对此做了如下定义：

配水干管是报警阀后向配水管供水的管道。

配水管是向配水支管供水的管道。

配水支管是直接或通过短立管向喷头供水的管道。

短立管是连接洒水喷头与配水支管的立管。俗称为上支管或下支管。

由配水支管、配水管、配水干管组成的管网叫配水管网，也叫配水管道。

按配水管网的供水方式又可将管网分成枝状管网、环状管网、格栅状管网。

枝状管网（见图3－46a），它的基本特征是其配水支管和喷头只能从一个方向取得水源。因而水力计算和系统吹扫都较方便，其最不利点喷头较为明确，安装时水平管道坡向泄水阀的原则容易贯彻。缺点是水力均衡性差，是目前应用最多的一种管网类型。

环状管网（见图3－46b），它的基本特征是配水管围合成封闭的环状，配水支管从两条相互平行的配水管上接出，且每条配水支管的一端与配水管连接。配水支管间互不相连。由于每条配水支管可以从配水管的两个方向获得水源因而水力均衡性比枝状管网好。但每个喷头仍只能从配水支管的一个方向获得水源。环状管网由于能双向供水，可以减小配水管的管径。在严重危险级、仓库危险级建筑中常采用环状管网。环状管网的配水管上如不设分隔阀，而且只有一个供水点时，管网的安全性与枝状管网相同。环状管网在排水和系统吹扫方面较为困难。

格栅状管网又叫网络管网，其管网构成（见图3－46c）具有以下基本特征：其配水管网围合成封闭的环状，各配水支管的两端分别与平行的两条配水管相连。从管道排列构成的图形看，形似格栅，故称为格栅管网。这种管网的配水支管的每一端都可以从配水管的两个方向取得水源，而且任何一个喷头都可以从两个方向取得水源。每一条配水支管在火灾时，都能起到辅助输水的作用。所以格栅状管网水力均衡性最好。特别适宜于流量较大的系统。

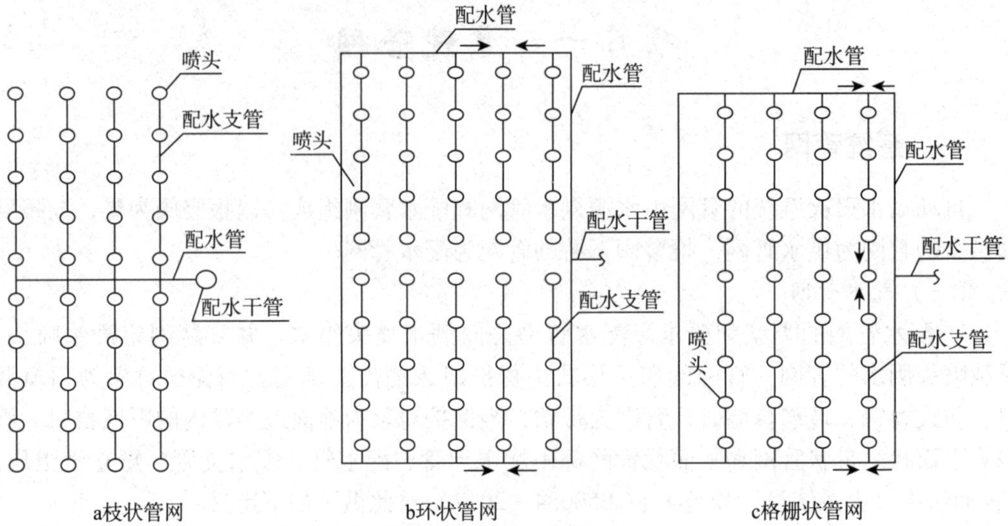

图 3-46　配水管网的类型

环状管网和格栅状管网的最大优点是供水的水力均衡性好，可以最大限度地减小配水管管径。整个管网耗用的管材重量在相同条件下比枝状管网少。但从供水安全性而言，虽然具备了双向供水条件，但由于供水点只有一个，而且环网上又不设分隔阀，难以发挥双向供水的安全性。

在枝状配水管网中，按照配水干管、配水管、配水支管的相互位置关系，又可分为四种类型，即中央末端型（见图 3-47a）、中央中心型（见图 3-47b）、侧边末端型（见图 3-47c）、侧边中心型（见图 3-47d）。按其水力条件的均衡性，以中央中心型为最好，依次排列为中央末端型、侧边中心型、侧边末端型。

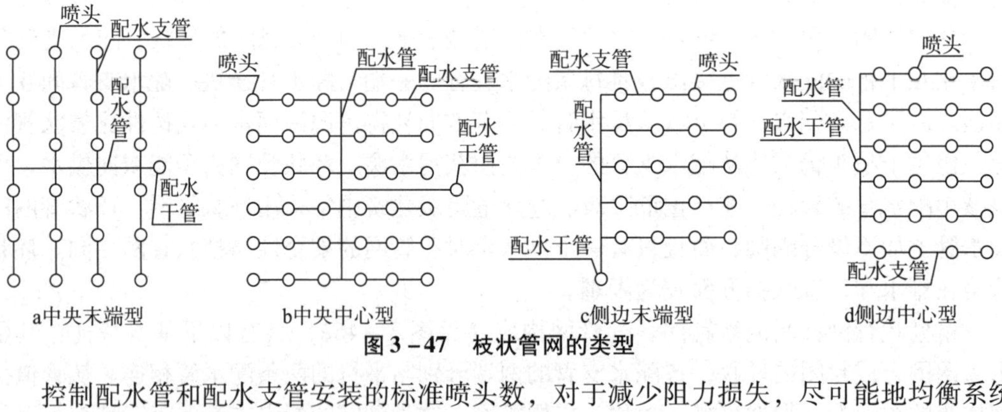

图 3-47　枝状管网的类型

控制配水管和配水支管安装的标准喷头数，对于减少阻力损失，尽可能地均衡系统管网的水力性能有重要作用。国家标准《自动喷水灭火系统设计规范》（GB 50084—2017）对此有以下规定：

①配水管两侧每根配水支管控制的标准流量洒水喷头数，轻危险级、中危险级场所不应超过 8 只，同时在吊顶上下设置喷头的配水支管，上下侧均不应超过 8 只，严重危险级场所及仓库危险级场所均不应超过 6 只。

②轻危险级、中危险级场所中配水支管，配水管所控制的标准流量洒水喷头数，不

应超过表 3 -4 的规定。

③短立管及末端试水装置的连接管，其管径不应小于 25mm。

表 3 -4　轻危险级、中危险级场所中配水管、配水支管控制的标准流量洒水喷头数

公称管径（mm）	控制的标准喷头数（只）	
	轻危险级	中危险级
25	1	1
32	3	3
40	5	4
50	10	8
65	18	12
80	48	32
100	—	64

严重危险级场所配水管所控制的标准流量洒水喷头的数量，应由水力计算确定。

配水管网的布置及配件安装应有利于将系统内的余水排净。我国《自动喷水灭火系统设计规范》（GB 50084—2017）规定：水平安装的管道宜有坡度，并应坡向泄水阀。充水管道的坡度不宜小于 2‰，准工作状态不充水管道的坡度不宜小于 4‰。而《自动喷水灭火系统施工及验收规范》（GB 50261—2017）规定：管道横向安装宜设 2‰ ~ 5‰的坡度，且应坡向排水管，当局部区域难以利用排水管将水排净时，应采取相应的排水措施。当喷头数量小于或等于 5 只时，可在管道低凹处加设堵头，当喷头数量大于 5 只时，宜装设带阀门的排水管。

排净余水是管道系统最基本的要求，对于湿式系统及无冰冻场所的预作用系统，排净余水是检修的必要条件。对于干式系统、有冰冻场所的预作用系统，排净余水是防止发生冰冻使管道受损、或堵塞管道的重要措施。

另外管道设有合理的坡度时，不但能排净余水，而且有利于顺利排气和充水。

对于开式系统来说，余水在配水管网存积会影响环境卫生，腐蚀管道。

2. 配水管网的规模。配水管网的规模是指：

（1）每个报警阀下游的配水管网容积；

（2）管道上安装的喷头数量或喷头在每一楼层的保护面积；

（3）对充气管道还包括排气充水时间；

（4）每个报警阀组所控制的最高喷头与最低喷头之间的最大位差。

这些都是系统规模的特性指标，控制这些指标都能实现对系统规模的控制。控制系统规模的目的，是在安全可靠的前提下，最大限度地减少报警阀的数量，对充气的系统还必须保证系统的排气充水时间不应超过规定，以保证系统能尽早喷水。在控制系统规模方面应严格按照《自动喷水灭火系统设计规范》（GB 50084—2017）的规定，一个报警阀所控制的喷头数对湿式系统、预作用系统不宜超过 800 只，对干式系统不宜超过

500 只。当配水支管同时安装在有保护吊顶内空间和吊顶下部空间的喷头时，如果吊顶材料为不燃的封闭式吊顶，耐火极限符合要求，由于吊顶一侧火灾在喷头保护下难以向另一侧蔓延，因此只需将数量较多一侧的喷头计入报警阀所控制的喷头总数。串联接入湿式系统的配水干管的其他自动喷水灭火系统，应分别设独立的报警阀组，但该报警阀所控制的喷头应计入湿式报警阀所控制的喷头总数之内。

对于在准工作状态下配水管网充以有压气体的系统而言，为了尽可能缩短排气充水时间，必须对系统规模作出限制，这也是关系到系统灭火成功率的关键。

《自动喷水灭火系统设计规范》（GB 50084—2017）规定，预作用系统的喷头总数不宜多于 800 只；干式系统喷头总数不宜多于 500 只。干式系统和由火灾自动报警系统与充气管道上设置的压力开关开启预作用装置的预作用系统，其配水管道充水时间不宜大于 1min；雨淋系统和仅由火灾自动报警系统联动开启预作用装置的预作用系统，其配水管道充水时间不宜大于 2min。

控制系统规模的方式一般只有两种：限制喷头数量或管道容积。

另外《自动喷水灭火系统设计规范》（GB 50084—2017）还规定，每个报警阀组供水的最高和最低位置喷头，其高程差不宜大于 50m。这一规定虽然是防止一个系统中由于位差过大而发生流量相差过大，而采取的均衡流量措施，但是仍是通过限制其系统管网的竖向规模来实现的。

雨淋系统的配水管网规模是受作用面积限制的。《自动喷水灭火系统设计规范》（GB 50084—2017）规定，雨淋系统中每个雨淋阀组控制的喷水面积不宜大于，也不应低于本规范规定的作用面积，其用意是，对于扑救水平蔓延快的火灾，如果不能在规定的作用面积内同时喷水，不足以遏制火灾的蔓延扩展。同时也要求供水设施提供足够的水量和水压。但是如果作用面积过大，将加大系统总流量的供给，而且一次灭火所造成的水渍损失加大，影响系统的经济性。然而系统管网设计却很难精确地控制在规定的作用面积上，所以，规范规定“不宜大于作用面积”，允许稍有选择的松动。但不允许小于规定的作用面积确是严格的。雨淋系统的作用面积就是管网上全部雨淋喷头同时喷水的面积。控制作用面积就控制了配水管网的规模，尽管其控制目的是保证雨淋系统的控灭火效率，但它仍然是通过限制系统规模来实现的。当一个保护区的面积超过一组雨淋阀控制的喷头作用面积时，必须采用两组或以上的雨淋阀控制的喷头来共同保护。此时，必须注意各组喷头在相邻区域的搭接，以保证交界区域的喷水强度符合要求。

例 1：一幢 8 层的综合楼，主楼标准层建筑面积为 $4500m^2$，两层裙房，每层建筑面积为 $9000m^2$，该建筑为一类公共建筑，火灾危险等级为中危险Ⅰ级，设湿式系统保护。试查规范并计算确定所需标准流量洒水喷头总数和报警阀组数。

解题过程：

第一步：查规范。公共建筑中危险Ⅰ级，喷水强度 $6L/(min \cdot m^2)$，单只喷头最大保护面积 $12.5m^2$。

第二步：计算主楼标准层喷头数量。

$$4500 \div 12.5 = 360$$

第三步：计算裙房每层喷头数量。

$$9000 \div 12.5 = 720$$

第四步：计算喷头总数。

$$360 \times 8 + 720 \times 2 = 4320$$

第五步：计算报警阀组数。

按规范，每个报警阀组可控制喷头数不大于 800 只，则建筑内共设湿式阀不少于 6 组。

例 2：（座位数在 1500 及以上大型、特大型剧场的主舞台雨淋系统的设计）一主舞台，台口宽度 16.5m，主舞台宽度 32m，主舞台进深为 23.63m。主舞台面积为 756.16m^2。现有主舞台雨淋系统设计方案 3 种。方案 1 将舞台分为 A、B、C、D 四个区域，采用四组雨淋阀。方案 2 将舞台分为 A、B、C 三区，设 3 组雨淋阀。方案 3 将舞台分为 A、B、C、D 四个区域，采用四组雨淋阀。其余具体参数和数据见表 3－5。试比较选出合理方案，并说明原因。

表 3－5　雨淋系统的布置方案

内容	方案 1				方案 2			方案 3			
	A	B	C	D	A	B	C	A	B	C	D
雨淋阀组数量	1	1	1	1	1	1	1	1	1	1	1
各分区的保护面积	192	192	192	180.16	363.2	368	319.36	278.4	281.6	281.6	266.55
各分区雨淋喷头数	42	42	42	36	70	70	64	56	56	56	50
每只喷头保护面积	4.57	4.57	4.57	5	5.19	5.26	4.99	4.97	5.03	5.03	5.33
喷头的布置间距	2.3×2	2.3×2	2.3×2	2.3×2	2.3×2.3	2.3×2.3	2.3×2.3	2.2×2.3	2.2×2.3	2.2×2.3	2.2×2.3
最不利点工作压力	0.1MPa				0.12MPa			0.11MPa			
选用喷头流量系数	80				80			80			
喷水强度	17.5			16	16.57			16.58			
交界区搭接宽度	0				4.6			最小为 2.2m，最大为 4.4m			

从表中数据的作用面积、喷水强度、交界区搭接宽度等分析可知方案 3 较好，符合规范的相关规定。

（3）配水管网各点工作压力。按照《自动喷水灭火系统设计规范》（GB 50084—2017）规定，配水管网的工作压力不应大于1.2MPa，因此报警阀入口处一般水压不大于1.2MPa。《自动喷水灭火系统　第2部分　湿式报警阀、延迟器、水力警铃》（GB 5135.2—2003）允许生产压力等级为1.6MPa的湿式报警阀产品，故各类报警阀入口处的压力均不应小于0.14MPa，但又不能大于其额定工作压力。配水管道的布置，应使配水管入口的压力均衡。轻危险级、中危险级场所中各配水管入口的压力均不宜大于0.4MPa。

《自动喷水灭火系统设计规范》（GB 50084—2017）规定：自动喷水灭火系统的工作压力应满足喷水强度的要求，而且喷头的最小工作压力还必须符合规定，对于最大净空高度不超过8m的民用建筑和工业建筑，系统最不利点喷头工作压力不应低于0.05MPa，对ESFR喷头的系统，喷头最低工作压力应按储物类别，最大储物高度，最大净空高度以及选定的喷头流量系数和间距所对应的最低工作压力选定。

（二）供水管网

供水管网的类型及要求。供水管网是指报警阀上游的水源管网。

按照管网上任意一点得到供水的方向数量把供水管网分为枝状管网和环状管网。凡是管网上任意一点仅能从一个方向取得水源的，管网布局成树枝状的，定义为枝状管网。

凡是管网布局成环状，管网上任一点可从一个以上方向得到水源的，定义为环状管网。《自动喷水灭火系统设计规范》（GB 50084—2017）规定，当自动喷水灭火系统中设有2个及以上报警阀组时，报警阀组前宜设环状供水管网。

当环状管网上有两条进水管时，环网的供水可靠性高，但必须在环网的不同管段布置进水管，并用阀门将环网分隔为不同管段，报警阀组分别布置在不同管段上，才能保证每一组报警阀得到双向供水。当其中任一端管道损坏时报警阀仍能从环网的不同方向取得水源。

自动喷水灭火系统环状供水管网示意图（见图3-48）。图中管网上共有6个分隔阀可以保证任一管段或任一组报警阀维修时，其他报警阀都能得到正常供水。这样的布置方式保证了每个报警阀都能得到双向供水。图中每一组报警阀入口处没有设水源控制阀，而由管段上的两个分隔阀替代，所以这些分隔阀必须是信号阀，或设有锁定阀位的锁具。

由图可知，环网的供水可靠性是因为它具有两个不同方向的水源向用水设备供水，其可靠性是由以下两点来保证的：

一是必须有两个相互独立的水源向环网的不同管段供水。每个水源的水量和水压应符合要求。

二是环网上必须设分隔阀，保证用水设备在任一个水源或任一管段失效时都能得到符合要求的供水。

所以，两个水源和正确的设置分隔阀是环网安全供水的重要条件，有些设计虽然有两组喷淋泵，但出水管合并为一条接入环网，而且环网上的分隔阀不能正确设置，环网的供水可靠性就不能发挥。不安全的环状供水管网布置图（见图3-49）。

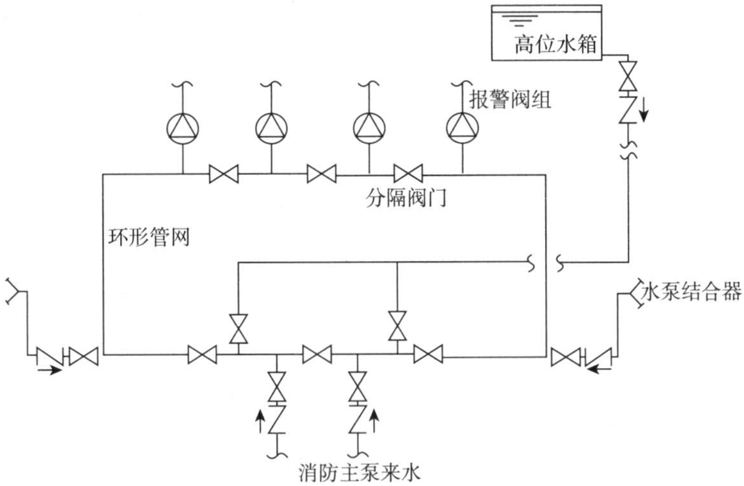

图3-48 环状供水管网示意图

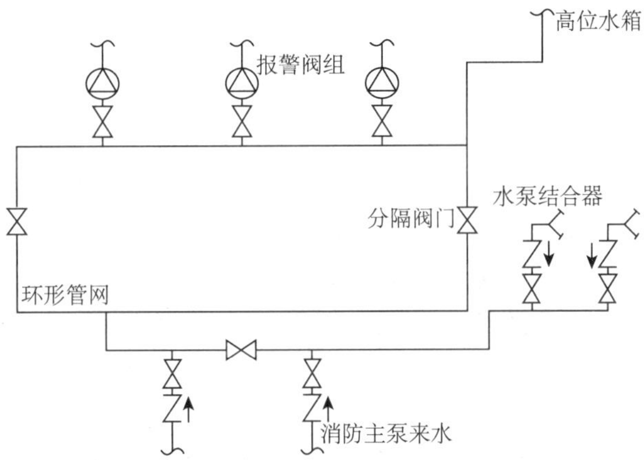

图3-49 不安全的环状供水管网布置图

图中虽然设有环网，但喷淋泵的供水管是合并为一条供向环网的，没有按“独立的两条进水管从环网的不同管段接入”的原则布置；另外环网上没有布置足够的分隔阀把环网分隔成段，保证每一个报警阀的环网某一段损坏、维修时都能得到供水。两组水泵接合器是共用一条供水管接入环网，也不符合“两个水源从环网的不同管段接入”的原则。另外高位水箱供水管在接入环网时也未设阀门，当管网或分隔阀损坏时容易造成水渍损失，这样的环网，分隔阀并没有少用，但供水安全性很差，环网的可靠供水优越性没有发挥。

（三）管道

1. 管道的材质、规格及选用要求。自动喷水灭火系统配水管道可采用内外壁热镀锌钢管、涂覆钢管、铜管、不锈钢管和氯化聚氯乙烯（PVC-C）管。配水管道的工作压力不应大于1.2MPa，并不应设置其他用水设施。当报警阀入口前管道采用不防腐的钢管时，应在报警阀前设置过滤器。

自动喷水灭火系统采用氯化聚氯乙烯（PVC-C）管材及管件时，设置场所的火灾危险等级应为轻危险级或中危险级Ⅰ级，系统应为湿式系统，并采用快速响应洒水喷头，且氯化聚氯乙烯（PVC－C）管材及管件应符合下列要求：

（1）应符合现行国家标准《自动喷水灭火系统　第19部分　塑料管道及管件》（GB/T 5135.19—2010）的规定；

（2）应用于公称直径不超过DN80的配水管及配水支管，且不应穿越防火分区；

（3）当设置在有吊顶场所时，吊顶内应无其他可燃物，吊顶材料应为不燃或难燃装修材料；

（4）当设置在无吊顶场所时，该场所应为轻危险级场所，顶板应为水平、光滑顶板，且喷头溅水盘与顶板的距离不应大于100mm。

为了施工方便，湿式系统的轻中危险级连接洒水喷头与配水管可以使用消防洒水软管。消防洒水软管是连接洒水喷头与配水管道的挠性金属软管及洒水喷头调整固定装置。洒水喷头与配水管道采用消防洒水软管连接时，应符合下列规定：

一是消防洒水软管仅适用于轻危险级或中危险级Ⅰ级场所，且系统应为湿式系统；

二是消防洒水软管应设置在吊顶内；

三是消防洒水软管的长度不应超过1.8m。

2. 管道的直径应经水力计算确定。配水管道的布置，应使配水管入口的压力均衡。轻危险级、中危险级场所中各配水管入口的压力均不宜大于0.4MPa。

干式系统、由火灾自动报警系统和充气管道上设置的压力开关开启预作用装置的预作用系统，其配水管道充水时间不宜大于1min；雨淋系统和仅由火灾自动报警系统联动开启预作用装置的预作用系统，其配水管道充水时间不宜大于2min。

干式系统、预作用系统的供气管道，采用钢管时，管径不宜小于15mm；采用铜管时，管径不宜小于10mm。

项目二　系统设计的基本参数

自动喷水灭火系统的设计应以《自动喷水灭火系统设计规范》（GB 50084—2017）等国家标准和规范为依据，根据设置场所和保护对象特点，确定火灾危险等级、防护目的和设计基本参数。

一、火灾危险等级

自动喷水灭火系统设置场所的火灾危险等级共分为4类8级，即轻危险级、中危险级（Ⅰ、Ⅱ级）、严重危险级（Ⅰ、Ⅱ级）和仓库危险级（Ⅰ、Ⅱ、Ⅲ级）。

（一）轻危险级

一般是指可燃物品较少、火灾放热速率较低、外部增援和人员疏散较容易的场所。

（二）中危险级

一般是指内部可燃物数量、火灾放热速率中等，火灾初期不会引起剧烈燃烧的场所。大部分民用建筑和工业厂房划归中危险级。根据此类场所种类多、范围广的特点，再细分为中危险级Ⅰ级和中危险级Ⅱ级。

（三）严重危险级

一般是指火灾危险性大，且可燃物品数量多，火灾发生时容易引起猛烈燃烧并可能迅速蔓延的场所。根据此类场所种类多、范围广的特点，再细分为严重危险级Ⅰ级和严重危险级Ⅱ级。

（四）仓库危险级

根据仓库储存物品及其包装材料的火灾危险性，将仓库火灾危险等级划分为Ⅰ、Ⅱ、Ⅲ级。仓库危险级Ⅰ级一般是指储存食品、烟酒以及用木箱、纸箱包装的不燃或难燃物品的场所；仓库危险级Ⅱ级一般是指储存木材、纸、皮革等物品和用各种塑料瓶、盒包装的不燃物品及各类物品混杂储存的场所；仓库危险级Ⅲ级一般是指储存A组塑料与橡胶及其制品等物品的场所。

自动喷水灭火系统设置场所火灾危险等级见表3－6。

表3－6　自动喷水灭火系统设置场所火灾危险等级

<table>
<tr><th colspan="2">火灾危险等级</th><th>设置场所分类</th></tr>
<tr><td colspan="2">轻危险级</td><td>住宅建筑、幼儿园、老年人建筑、建筑高度为24m及以下的旅馆、办公楼；仅在走道设置闭式系统的建筑等</td></tr>
<tr><td rowspan="2">中危险级</td><td>Ⅰ级</td><td>1. 高层民用建筑：旅馆、办公楼、综合楼、邮政楼、金融电信楼、指挥调度楼、广播电视楼（塔）等；
2. 公共建筑（含单多高层）：医院、疗养院；图书馆（书库除外）、档案馆、展览馆（厅）；影剧院、音乐厅和礼堂（舞台除外）及其他娱乐场所；火车站、机场及码头的建筑；总建筑面积小于5000m^{2}的商场、总建筑面积小于1000m^{2}的地下商场等；
3. 文化遗产建筑：木结构古建筑、国家文物保护单位等；
4. 工业建筑：食品、家用电器、玻璃制品等工厂的备料与生产车间等；冷藏库、钢屋架等建筑构件</td></tr>
<tr><td>Ⅱ级</td><td>1. 民用建筑：书库、舞台（葡萄架除外）、汽车停车场（库）、总建筑面积5000m^{2}及以上的商场、总建筑面积1000m^{2}及以上的地下商场、净空高度不超过8m、物品高度不超过3.5m的超级市场等；
2. 工业建筑：棉毛麻丝及化纤的纺织、织物及制品、木材木器及胶合板、谷物加工、烟草及制品、饮用酒（啤酒除外）、皮革及制品、造纸及纸制品、制药等工厂的备料与生产车间等</td></tr>
<tr><td rowspan="2">严重危险级</td><td>Ⅰ级</td><td>印刷厂、酒精制品、可燃液体制品等工厂的备料与车间、净空高度不超过8m、物品高度超过3.5m的超级市场等</td></tr>
<tr><td>Ⅱ级</td><td>易燃液体喷雾操作区域、固体易燃物品、可燃的气溶胶制品、溶剂清洗、喷涂油漆、沥青制品等工厂的备料及生产车间、摄影棚、舞台葡萄架下部等</td></tr>
</table>

续表

<table>
<tr><td colspan="2">火灾危险等级</td><td>设置场所分类</td></tr>
<tr><td rowspan="3">仓库
危险级</td><td>Ⅰ级</td><td>食品、烟酒；木箱、纸箱包装的不燃、难燃物品等</td></tr>
<tr><td>Ⅱ级</td><td>木材、纸、皮革、谷物及制品、棉毛麻丝化纤及制品、家用电器、电缆、B 组塑料与橡胶及其制品、钢塑混合材料制品、各种塑料瓶盒包装的不燃、难燃物品及各类物品混杂储存的仓库等</td></tr>
<tr><td>Ⅲ级</td><td>A 组塑料与橡胶及其制品；沥青制品等</td></tr>
</table>

注：塑料、橡胶的分类。

A 组：丙烯腈—丁二烯—苯乙烯共聚物（ABS）、缩醛（聚甲醛）、聚甲基丙烯酸甲酯、玻璃纤维增强聚酯（FRP）、热塑性聚酯（PET）、聚丁二烯、聚碳酸酯、聚乙烯、聚丙烯、聚苯乙烯、聚氨基甲酸酯、高增塑聚氯乙烯（PVC，如人造革、胶片等）、苯乙烯—丙烯腈（SAN）等。

丁基橡胶、乙丙橡胶（EPDM）、发泡类天然橡胶、腈橡胶（丁腈橡胶）、聚酯合成橡胶、丁苯橡胶（SBR）等。

B 组：醋酸纤维素、醋酸丁酸纤维素、乙基纤维素、氟塑料、锦纶（锦纶 6、锦纶 6/6）、三聚氰胺甲醛、酚醛塑料、硬聚氯乙烯（PVC，如管道、管件等）、聚偏二氟乙烯（PVDC）、聚偏氟乙烯（PVDF）、聚氟乙烯（PVF）、脲甲醛等。

氯丁橡胶、不发泡类天然橡胶、硅橡胶等。

粉末、颗粒、压片状的 A 组塑料。

二、系统设计基本参数

喷头最低工作压力、喷水强度、作用面积是自动喷水灭火系统水力计算的三个基本参数，决定了系统的有效性和经济性。自动喷水灭火系统的设置根据建筑物的不同用途、规模及其火灾危险等级等因素确定。

洒水喷头的工作压力是指洒水喷头洒水时，喷头处的工作压力（MPa）。由于自动喷水灭火系统是一个各点水力不均衡的管网，系统洒水时各点洒水喷头的工作压力是不相同的，离消防水泵近，水利条件好的洒水喷头，工作压力高，而离消防水泵远，水利条件差的喷头，工作压力低，管网最不利点处洒水喷头的工作压力最低。“最不利点喷头”是系统中水力条件最差的那只喷头，当水送到系统时，水压最低的那只喷头就是最不利点喷头。一般在系统管网的最远和最高处。应由水力计算校核确定。因此，只要最不利点处洒水喷头的工作压力满足了规范规定，管网内其他喷头的工作压力也就满足规范要求了，因此，系统最不利点处洒水喷头的工作压力就具有代表意义。通常讲的洒水喷头最小工作压力就是指系统最不利点处洒水喷头的工作压力。该点的工作压力决定后，系统内其他各点洒水喷头的工作压力也就决定了。所以洒水喷头最小工作压力是对系统中最不利点处洒水喷头而言的，各点洒水喷头工作压力仅在水力计算中决定该点洒水喷头的流量。

喷水强度是系统的设计参数。它表示系统在单位时间内向单位保护面积或单位保护长度上所喷洒的水量，以［L/（min · m^2）］或［L/（s · m）］表示。同样，由于管网的不均衡性，在系统中只有包含最不利点处洒水喷头在内的保护面积或保护长度上的喷水强度为最小，控制该处的喷水强度就具有重要意义。要求系统喷水强度符合规范要求，实际上是指包含最不利点处洒水喷头在内的该处喷水强度应满足规范要求。

喷水强度是由喷头流量系数 K、喷头工作压力、喷头间距共同决定的。同时还与喷头附近及下方的障碍物尺寸与喷头的相对位置有关。当喷头采用正方形布置时，存在以下关系：

$$(\frac{K\sqrt{10P}}{W})^{\frac{1}{2}} = L$$

L：喷头间距（m）；W：喷水强度　L/（min·m^2）；P：喷头工作压力；K：喷头流量系数

$$(\frac{K\sqrt{10P}}{W})^{\frac{1}{2}} = L \Rightarrow W = \frac{K\sqrt{10P}}{L^2}$$

由公式可知，调节喷头间距 L、喷头工作压力 P、喷头流量系数 K，都可以得到要求的喷水强度 W。但是喷头间距却是控火灭火的另一重要响应条件，必须予以控制，不能盲目缩小或增大，必须严格按照规范执行。

作用面积是指系统在一次火灾中按规定的喷水强度洒水时，系统所能保护的最大面积。它表示系统只具有在这样大的面积内同时喷水的能力，超过这个面积喷水时，喷水强度将会降低。作用面积决定了系统的最大喷水能力。对于雨淋系统来说，作用面积还具有一个重要意义，即系统必须在这样大的作用面积内同时洒水才能使喷头有效覆盖着火区，遏制火灾的水平蔓延。同样，设计的作用面积应选在包含最不利点喷头在内的保护面积上。作用面积一般取矩形，长边平行于配水支管。

我国标准《自动喷水灭火系统设计规范》（GB 50084—2017）在设计基本参数中给出了民用建筑和工业厂房、非仓库类高大净空场所、仓库建筑等的设计基本参数。在民用建筑和工业建筑中，设计基本参数是按场所的火灾危险等级、净空高度、场所使用功能等来确定的。

我国《自动喷水灭火系统设计规范》（GB 50084—2017）对民用建筑和厂房采用湿式系统时的设计参数（见表 3－7）做了规定。这些设计基本参数仅适用于按“作用面积—喷水强度”曲线设计的系统，对于家用喷头、ESFR 喷头、大水滴喷头由于不允许按曲线设计，故这些参数不适用。

1. 民用建筑和厂房采用湿式系统时的设计基本参数不应低于表 3－7 的规定。

表 3－7　民用建筑和厂房采用湿式系统时的设计基本参数

<table>
<tr><th colspan="2">火灾危险等级</th><th>最大净空高度 h（m）</th><th>喷水强度
[L/（min·m^2）]</th><th>作用面积（m^2）</th></tr>
<tr><td colspan="2">轻危险级</td><td rowspan="5">h≤8</td><td>4</td><td rowspan="3">160</td></tr>
<tr><td rowspan="2">中危险级</td><td>Ⅰ级</td><td>6</td></tr>
<tr><td>Ⅱ级</td><td>8</td></tr>
<tr><td rowspan="2">严重危险级</td><td>Ⅰ级</td><td>12</td><td rowspan="2">260</td></tr>
<tr><td>Ⅱ级</td><td>16</td></tr>
</table>

注：系统最不利点处洒水喷头的工作压力不应低于 0.05MPa。

2. 民用建筑和厂房高大空间场所采用湿式系统的设计基本参数不应低于表 3－8 的规定。

表 3－8　民用建筑和厂房高大空间场所采用湿式系统的设计基本参数

<table>
<tr><th colspan="2">适用场所</th><th>最大净空高度
h（m）</th><th>喷水强度
[L/（min·m^2）]</th><th>作用面积
（m^2）</th><th>喷头间距
L（m）</th></tr>
<tr><td rowspan="4">民用建筑</td><td rowspan="2">中庭、体育馆、航站楼等</td><td>8＜h≤12</td><td>12</td><td rowspan="6">160</td><td rowspan="6">1.8＜L≤3</td></tr>
<tr><td>12＜h≤18</td><td>15</td></tr>
<tr><td rowspan="2">影剧院、音乐厅、会展中心等</td><td>8＜h≤12</td><td>15</td></tr>
<tr><td>12＜h≤18</td><td>20</td></tr>
<tr><td rowspan="2">厂房</td><td>制衣制鞋、玩具、木器、电子生产车间等</td><td rowspan="2">8＜h≤12</td><td>15</td></tr>
<tr><td>棉纺厂、麻纺厂、泡沫塑料生产车间等</td><td>20</td></tr>
</table>

注：（1）表中未列入的场所，应根据本表规定场所的火灾危险性类比确定。

（2）当民用建筑高大空间场所的最大净空高度为 12m＜h≤18m 时，应采用非仓库型特殊应用喷头。

3. 仓库及类似场所采用湿式系统的设计基本参数应符合下列要求：

（1）当设置场所的火灾危险等级为仓库危险级Ⅰ级～Ⅲ级时，系统设计基本参数不应低于表 3－9～表 3－12 的规定；

（2）当仓库危险级Ⅰ级、仓库危险级Ⅱ级场所中混杂储存仓库危险级Ⅲ级物品时，系统设计基本参数不应低于表 3－13 的规定。

表 3－9 仓库危险级Ⅰ级场所的系统设计基本参数

<table>
<tr><th>储存方式</th><th>最大净空高度 h（m）</th><th>最大储物高度 h_s（m）</th><th>喷水强度 [L/（min · m^2）]</th><th>作用面积（m^2）</th><th>持续喷水时间（h）</th></tr>
<tr><td rowspan="3">堆垛、托盘</td><td rowspan="10">9</td><td>$h_s \leq 3.5$</td><td>8</td><td>160</td><td>1</td></tr>
<tr><td>$3.5 < h_s \leq 6$</td><td>10</td><td rowspan="2">200</td><td rowspan="9">1.5</td></tr>
<tr><td>$6 < h_s \leq 7.5$</td><td>14</td></tr>
<tr><td rowspan="2">单、双、多排货架</td><td>$h_s \leq 3$</td><td>6</td><td rowspan="2">160</td></tr>
<tr><td>$3 < h_s \leq 3.5$</td><td>8</td></tr>
<tr><td rowspan="2">单、双排货架</td><td>$3.5 < h_s \leq 6$</td><td>18</td><td rowspan="5">200</td></tr>
<tr><td>$6 < h_s \leq 7.5$</td><td>14＋1J</td></tr>
<tr><td rowspan="3">多排货架</td><td>$3.5 < h_s \leq 4.5$</td><td>12</td></tr>
<tr><td>$4.5 < h_s \leq 6$</td><td>18</td></tr>
<tr><td>$6 < h_s \leq 7.5$</td><td>18＋1J</td></tr>
</table>

注：（1）货架储物高度大于 7.5m 时，应设置货架内置洒水喷头。顶板下洒水喷头的喷水强度不应低于 18L/（min · m^2），作用面积不应小于 200m^2，持续喷水时间不应小于 2h。

（2）本表及表 3－10、3－13 中字母“J”表示货架内置洒水喷头，“J”前的数字表示货架内置洒水喷头的层数。

表 3－10 仓库危险级Ⅱ级场所的系统设计基本参数

<table>
<tr><th>储存方式</th><th>最大净空高度 h（m）</th><th>最大储物高度 h_s（m）</th><th>喷水强度 [L/（min · m^2）]</th><th>作用面积（m^2）</th><th>持续喷水时间（h）</th></tr>
<tr><td rowspan="3">堆垛、托盘</td><td rowspan="10">9</td><td>$h_s \leq 3.5$</td><td>8</td><td>160</td><td>1.5</td></tr>
<tr><td>$3.5 < h_s \leq 6$</td><td>16</td><td rowspan="2">200</td><td rowspan="2">2</td></tr>
<tr><td>$6 < h_s \leq 7.5$</td><td>22</td></tr>
<tr><td rowspan="2">单、双、多排货架</td><td>$h_s \leq 3$</td><td>8</td><td>160</td><td rowspan="2">1.5</td></tr>
<tr><td>$3 < h_s \leq 3.5$</td><td>12</td><td>200</td></tr>
<tr><td rowspan="2">单、双排货架</td><td>$3.5 < h_s \leq 6$</td><td>24</td><td>280</td><td rowspan="5">2</td></tr>
<tr><td>$6 < h_s \leq 7.5$</td><td>22＋1J</td><td rowspan="4">200</td></tr>
<tr><td rowspan="3">多排货架</td><td>$3.5 < h_s \leq 4.5$</td><td>18</td></tr>
<tr><td>$4.5 < h_s \leq 6$</td><td>18＋1J</td></tr>
<tr><td>$6 < h_s \leq 7.5$</td><td>18＋2J</td></tr>
</table>

注：货架储物高度大于 7.5m 时，应设置货架内置洒水喷头。顶板下洒水喷头的喷水强度不应低于 20L/（min · m^2），作用面积不应小于 200m^2，持续喷水时间不应小于 2h。

表 3－11 货架储存时仓库危险级Ⅲ级场所的系统设计基本参数

序号	最大净空高度 h（m）	最大储物高度 h_s（m）	货架类型	喷水强度［L/（min·m²）］	货架内置洒水喷头		
					层数	高度（m）	流量系数 K
1	4.5	$1.5 < h_s \leq 3$	单、双、多	12	–	–	–
2	6	$1.5 < h_s \leq 3$	单、双、多	18	–	–	–
3	7.5	$3 < h_s \leq 4.5$	单、双、多	24.5	–	–	–
4	7.5	$3 < h_s \leq 4.5$	单、双、多	12	1	3	80
5	7.5	$4.5 < h_s \leq 6$	单、双	24.5	–	–	–
6	7.5	$4.5 < h_s \leq 6$	单、双、多	12	1	4.5	115
7	9	$4.5 < h_s \leq 6$	单、双、多	18	1	3	80
8	8	$4.5 < h_s \leq 6$	单、双、多	24.5	–	–	–
9	9	$6 < h_s \leq 7.5$	单、双、多	18.5	1	4.5	115
10	9	$6 < h_s \leq 7.5$	单、双、多	32.5	–	–	–
11	9	$6 < h_s \leq 7.5$	单、双、多	12	2	3，6	80

注：（1）作用面积不应小于 200m²，持续喷水时间不应低于 2h。

（2）序号4、6、7、11：货架内设置一排货架内置洒水喷头时，喷头的间距不应大于3m；设置两排或多排货架内置洒水喷头时，喷头的间距不应大于 3×2.4（m）。

（3）序号9：货架内设置一排货架内置洒水喷头时，喷头的间距不应大于2.4m，设置两排或多排货架内置洒水喷头时，喷头的间距不应大于 2.4×2.4（m）。

（4）序号8：应采用流量系数 K 等于 161，202，242，363 的洒水喷头。

（5）序号10：应采用流量系数 K 等于 242，363 的洒水喷头。

（6）货架储物高度大于 7.5m 时，应设置货架内置洒水喷头，顶板下洒水喷头的喷水强度不应低于 22L/（min·m²），作用面积不应小于 200m²，持续喷水时间不应小于 2h。

表 3－12 堆垛储存时仓库危险级Ⅲ级场所的系统设计基本参数

<table>
<tr><th rowspan="2">最大净空高度 h（m）</th><th rowspan="2">最大储物高度 h_s（m）</th><th colspan="4">喷水强度［L/（min·m²）］</th></tr>
<tr><th>A</th><th>B</th><th>C</th><th>D</th></tr>
<tr><td>7.5</td><td>1.5</td><td colspan="4">8</td></tr>
<tr><td>4.5</td><td rowspan="3">3.5</td><td>16</td><td>16</td><td>12</td><td>12</td></tr>
<tr><td>6</td><td>24.5</td><td>22</td><td>20.5</td><td>16.5</td></tr>
<tr><td>9</td><td>32.5</td><td>28.5</td><td>24.5</td><td>18.5</td></tr>
<tr><td>6</td><td>4.5</td><td>24.5</td><td>22</td><td>20.5</td><td>16.5</td></tr>
<tr><td>7.5</td><td>6</td><td>32.5</td><td>28.5</td><td>24.5</td><td>18.5</td></tr>
<tr><td>9</td><td>7.5</td><td>36.5</td><td>34.5</td><td>28.5</td><td>22.5</td></tr>
</table>

注：（1）A—袋装与无包装的发泡塑料橡胶；B—箱装的发泡塑料橡胶；C—袋装与无包装的不发泡塑料橡胶；D—箱装的不发泡塑料橡胶。

（2）作用面积不应小于 240m²，持续喷水时间不应低于 2h。

表 3－13　仓库危险级Ⅰ级、Ⅱ级场所中混杂储存仓库危险Ⅲ级场所物品时的系统设计基本参数

储物类别	储存方式	最大净空高度 h（m）	最大储物高度 h_s（m）	喷水强度［L/（min·m^2）］	作用面积（m^2）	持续喷水时间（h）
储物中包括沥青制品或箱装A组塑料橡胶	堆垛与货架	9	$h_s \leq 1.5$	8	160	1.5
		4.5	$1.5 < h_s \leq 3$	12	240	2
		6	$1.5 < h_s \leq 3$	16	240	2
		5	$3.0 < h_s \leq 3.5$			
	堆垛	8	$3.0 < h_s \leq 3.5$	16	240	2
	货架	9	$1.5 < h_s \leq 3.5$	8＋1J	160	2
储物中包括袋装A组塑料橡胶	堆垛与货架	9	$h_s \leq 1.5$	8	160	1.5
		4.5	$1.5 < h_s \leq 3$	16	240	2
		5	$3.0 < h_s \leq 3.5$			
	堆垛	9	$1.5 < h_s \leq 2.5$	16	240	2
储物中包括袋装不发泡A组塑料橡胶	堆垛与货架	6	$1.5 < h_s \leq 3$	16	240	2
储物中包括袋装发泡A组塑料橡胶	货架	6	$1.5 < h_s \leq 3$	8＋1J	160	2
储物中包括轮胎或纸卷	堆垛与货架	9	$1.5 < h_s \leq 3.5$	12	240	2

注：（1）无包装的塑料橡胶视同纸袋、塑料袋包装。

（2）货架内置洒水喷头应采用与顶板下洒水喷头相同的喷水强度，用水量应按开放6只洒水喷头确定。

4. 仓库及类似场所采用早期抑制快速响应喷头时，系统的设计基本参数不应低于表3－14的规定。

表 3－14 采用早期抑制快速响应喷头的系统设计基本参数

<table>
<tr><th>储物类别</th><th>最大净空高度（m）</th><th>最大储物高度（m）</th><th>喷头流量系数 K</th><th>喷头设置方式</th><th>喷头最低工作压力（MPa）</th><th>喷头最大间距（m）</th><th>喷头最小间距（m）</th><th>作用面积内开放的喷头数</th></tr>
<tr><td rowspan="16">Ⅰ、Ⅱ级、沥青制品、箱装不发泡塑料</td><td rowspan="6">9</td><td rowspan="6">7.5</td><td rowspan="2">202</td><td>直立型</td><td rowspan="2">0.35</td><td rowspan="6">3.7</td><td rowspan="28">2.4</td><td rowspan="28">12</td></tr>
<tr><td>下垂型</td></tr>
<tr><td rowspan="2">242</td><td>直立型</td><td rowspan="2">0.25</td></tr>
<tr><td>下垂型</td></tr>
<tr><td>320</td><td>下垂型</td><td>0.2</td></tr>
<tr><td>363</td><td>下垂型</td><td>0.15</td></tr>
<tr><td rowspan="6">10.5</td><td rowspan="6">9</td><td rowspan="2">202</td><td>直立型</td><td rowspan="2">0.5</td><td rowspan="10">3</td></tr>
<tr><td>下垂型</td></tr>
<tr><td rowspan="2">242</td><td>直立型</td><td rowspan="2">0.35</td></tr>
<tr><td>下垂型</td></tr>
<tr><td>320</td><td>下垂型</td><td>0.25</td></tr>
<tr><td>363</td><td>下垂型</td><td>0.2</td></tr>
<tr><td rowspan="3">12</td><td rowspan="3">10.5</td><td>202</td><td>下垂型</td><td>0.5</td></tr>
<tr><td>242</td><td>下垂型</td><td>0.35</td></tr>
<tr><td>363</td><td>下垂型</td><td>0.3</td></tr>
<tr><td>13.5</td><td>12</td><td>363</td><td>下垂型</td><td>0.35</td></tr>
<tr><td rowspan="5">袋装不发泡塑料</td><td rowspan="3">9</td><td rowspan="3">7.5</td><td>202</td><td>下垂型</td><td>0.5</td><td rowspan="3">3.7</td></tr>
<tr><td>242</td><td>下垂型</td><td>0.35</td></tr>
<tr><td>363</td><td>下垂型</td><td>0.25</td></tr>
<tr><td>10.5</td><td>9</td><td>363</td><td>下垂型</td><td>0.35</td><td rowspan="2">3</td></tr>
<tr><td>12</td><td>10.5</td><td>363</td><td>下垂型</td><td>0.4</td></tr>
<tr><td rowspan="7">箱装发泡塑料</td><td rowspan="6">9</td><td rowspan="6">7.5</td><td rowspan="2">202</td><td>直立型</td><td rowspan="2">0.35</td><td rowspan="6">3.7</td></tr>
<tr><td>下垂型</td></tr>
<tr><td rowspan="2">242</td><td>直立型</td><td rowspan="2">0.25</td></tr>
<tr><td>下垂型</td></tr>
<tr><td>320</td><td>下垂型</td><td>0.25</td></tr>
<tr><td>363</td><td>下垂型</td><td>0.15</td></tr>
<tr><td>12</td><td>10.5</td><td>363</td><td>下垂型</td><td>0.4</td><td>3</td></tr>
</table>

续表

<table>
<tr><th>储物类别</th><th>最大净空高度（m）</th><th>最大储物高度（m）</th><th>喷头流量系数 K</th><th>喷头设置方式</th><th>喷头最低工作压力（MPa）</th><th>喷头最大间距（m）</th><th>喷头最小间距（m）</th><th>作用面积内开放的喷头数</th></tr>
<tr><td rowspan="7">袋装发泡塑料</td><td rowspan="3">7.5</td><td rowspan="3">6</td><td>202</td><td>下垂型</td><td>0.5</td><td rowspan="6">3.7</td><td rowspan="7">2.4</td><td rowspan="6">12</td></tr>
<tr><td>242</td><td>下垂型</td><td>0.35</td></tr>
<tr><td>363</td><td>下垂型</td><td>0.2</td></tr>
<tr><td rowspan="3">9</td><td rowspan="3">7.5</td><td>202</td><td>下垂型</td><td>0.7</td></tr>
<tr><td>242</td><td>下垂型</td><td>0.5</td></tr>
<tr><td>363</td><td>下垂型</td><td>0.3</td></tr>
<tr><td>12</td><td>10.5</td><td>363</td><td>下垂型</td><td>0.5</td><td>3</td><td>20</td></tr>
</table>

5. 最大净空高度超过 8m 的超级市场采用湿式系统的设计基本参数应按以上 3、4 条的规定执行。

表 3－15 采用仓库型特殊应用喷头的湿式系统设计基本参数

<table>
<tr><th>储物类别</th><th>最大净空高度（m）</th><th>最大储物高度（m）</th><th>喷头流量系数 K</th><th>喷头设置方式</th><th>喷头最低工作压力（MPa）</th><th>喷头最大间距（m）</th><th>喷头最小间距（m）</th><th>作用面积内开放的喷头数</th><th>持续喷水时间（h）</th></tr>
<tr><td rowspan="14">Ⅰ级、Ⅱ级</td><td rowspan="6">7.5</td><td rowspan="6">6</td><td rowspan="2">161</td><td>直立型</td><td rowspan="2">0.2</td><td rowspan="12">3.7</td><td rowspan="14">2.4</td><td rowspan="3">15</td><td rowspan="14">1</td></tr>
<tr><td>下垂型</td></tr>
<tr><td>200</td><td>下垂型</td><td>0.15</td></tr>
<tr><td>242</td><td>直立型</td><td>0.1</td><td rowspan="3">12</td></tr>
<tr><td rowspan="2">363</td><td>下垂型</td><td>0.07</td></tr>
<tr><td>直立型</td><td>0.15</td></tr>
<tr><td rowspan="6">9</td><td rowspan="6">7.5</td><td rowspan="2">161</td><td>直立型</td><td rowspan="2">0.35</td><td rowspan="4">20</td></tr>
<tr><td>下垂型</td></tr>
<tr><td>200</td><td>下垂型</td><td>0.25</td></tr>
<tr><td>242</td><td>直立型</td><td>0.15</td></tr>
<tr><td rowspan="2">363</td><td>直立型</td><td>0.15</td><td rowspan="2">12</td></tr>
<tr><td>下垂型</td><td>0.07</td></tr>
<tr><td rowspan="2">12</td><td rowspan="2">10.5</td><td rowspan="2">363</td><td>直立型</td><td>0.1</td><td rowspan="2">3</td><td>24</td></tr>
<tr><td>下垂型</td><td>0.2</td><td>12</td></tr>
</table>

续表

<table>
<tr><th>储物类别</th><th>最大净空高度（m）</th><th>最大储物高度（m）</th><th>喷头流量系数 K</th><th>喷头设置方式</th><th>喷头最低工作压力（MPa）</th><th>喷头最大间距（m）</th><th>喷头最小间距（m）</th><th>作用面积内开放的喷头数</th><th>持续喷水时间（h）</th></tr>
<tr><td rowspan="9">箱装不发泡塑料</td><td rowspan="6">7.5</td><td rowspan="6">6</td><td rowspan="2">161</td><td>直立型</td><td rowspan="2">0.35</td><td rowspan="8">3.7</td><td rowspan="15">2.4</td><td rowspan="4">15</td><td rowspan="15">1</td></tr>
<tr><td>下垂型</td></tr>
<tr><td>200</td><td>下垂型</td><td>0.25</td></tr>
<tr><td>242</td><td>直立型</td><td>0.15</td></tr>
<tr><td rowspan="2">363</td><td>直立型</td><td>0.15</td><td rowspan="5">12</td></tr>
<tr><td>下垂型</td><td>0.07</td></tr>
<tr><td rowspan="2">9</td><td rowspan="2">7.5</td><td rowspan="2">363</td><td>直立型</td><td>0.15</td></tr>
<tr><td>下垂型</td><td>0.07</td></tr>
<tr><td>12</td><td>10.5</td><td>363</td><td>下垂型</td><td>0.20</td><td>3</td></tr>
<tr><td rowspan="6">箱装发泡塑料</td><td rowspan="6">7.5</td><td rowspan="6">6</td><td rowspan="2">161</td><td>直立型</td><td rowspan="2">0.35</td><td rowspan="6">3.7</td><td rowspan="6">15</td></tr>
<tr><td>下垂型</td></tr>
<tr><td>200</td><td>下垂型</td><td>0.25</td></tr>
<tr><td>242</td><td>直立型</td><td>0.15</td></tr>
<tr><td rowspan="2">363</td><td>直立型</td><td rowspan="2">0.07</td></tr>
<tr><td>下垂型</td></tr>
</table>

6. 仓库及类似场所采用仓库型特殊应用喷头时，湿式系统的设计基本参数不应低于表 3－15 的规定。

7. 设置自动喷水灭火系统的仓库及类似场所，当采用货架储存时应采用钢制货架，并应采用通透层板，且层板中通透部分的面积不应小于层板总面积的 50%。当采用木制货架或采用封闭层板货架时，其系统设置应按堆垛储物仓库确定。

8. 货架仓库的最大净空高度或最大储物高度超过上述第 4 条的规定时，应设货架内置洒水喷头，且货架内置洒水喷头上方的层间隔板应为实层板。货架内置洒水喷头的设置应符合下列规定：

（1）仓库危险级Ⅰ级、Ⅱ级场所应在自地面起每 3m 设置一层货架内置洒水喷头，仓库危险级Ⅲ级场所应在自地面起每 1.5～3m 设置一层货架内置洒水喷头，且最高层货架内置洒水喷头与储物顶部的距离不应超过 3m。

（2）当采用流量系数等于 80 的标准覆盖面积洒水喷头时，工作压力不应小于 0.2MPa；当采用流量系数等于 115 的标准覆盖面积洒水喷头时，工作压力不应小于 0.1MPa。

（3）洒水喷头间距不应大于 3m，且不应小于 2m。计算货架内开放洒水喷头数量不应小于表 3－16 的规定。

（4）设置 2 层及以上货架内置洒水喷头时，洒水喷头应交错布置。

表 3－16　货架内开放洒水喷头数量

<table>
<tr><td rowspan="2">仓库危险级</td><td colspan="3">货架内置洒水喷头的层数</td></tr>
<tr><td>1</td><td>2</td><td>>2</td></tr>
<tr><td>Ⅰ级</td><td>6</td><td>12</td><td>14</td></tr>
<tr><td>Ⅱ级</td><td>8</td><td colspan="2" rowspan="2">14</td></tr>
<tr><td>Ⅲ级</td><td>10</td></tr>
</table>

注：货架内置洒水喷头超过 2 层时，计算流量应按最顶层 2 层，且每层开放洒水喷头数按本表规定值的 1/2 确定。

9. 干式系统和雨淋系统的设计要求应符合下列规定：

（1）干式系统的喷水强度应按表 3－7、表 3－9～表 3－13 的规定值确定，系统作用面积应按对应值的 1.3 倍确定；

（2）雨淋系统的喷水强度和作用面积应按表 3－7 的规定值确定，且每个雨淋报警阀控制的喷水面积不宜大于表 3－7 中的作用面积。

10. 预作用系统的设计要求应符合下列规定：

（1）系统的喷水强度应按表 3－7、表 3－9～表 3－13 的规定值确定；

（2）当系统采用仅由火灾自动报警系统直接控制预作用装置时，系统的作用面积应按表 3－7、表 3－9～表 3－13 的规定值确定；

（3）当系统采用由火灾自动报警系统和充气管道上设置的压力开关控制预作用装置时，系统的作用面积应按表 3－7、表 3－9～表 3－13 的规定值的 1.3 倍确定。

11. 仅在走道设置洒水喷头的闭式系统，其作用面积应按最大疏散距离所对应的走道面积确定。

12. 装设网格、栅板类通透性吊顶的场所，系统的喷水强度应按表 3－7、表 3－9～表 3－13 规定值的 1.3 倍确定。

13. 水幕系统的设计基本参数应符合表 3－17 的规定：

表 3－17　水幕系统的设计基本参数

<table>
<tr><td>水幕系统类别</td><td>喷水点高度 h（m）</td><td>喷水强度［L/（s·m）］</td><td>喷头工作压力（MPa）</td></tr>
<tr><td>防火分隔水幕</td><td>h≤12</td><td>2</td><td rowspan="2">0.1</td></tr>
<tr><td>防护冷却水幕</td><td>h≤4</td><td>0.5</td></tr>
</table>

注：（1）防护冷却水幕的喷水点高度每增加 1m，喷水强度应增加 0.1L/（s·m），但超过 9m 时喷水强度仍采用 1L/（s·m）。

（2）系统持续喷水时间不应小于系统设置部位的耐火极限要求。

（3）喷头布置应满足：防火分隔水幕的喷头布置，应保证水幕的宽度不小于 6m，采用水幕喷头时，喷头不应少于 3 排；采用开式洒水喷头时，喷头不应少于 2 排。防护冷却水幕的喷头宜布置成单排。

14. 当采用防护冷却系统保护防火卷帘、防火玻璃墙等防火分隔设施时，系统应独立设置，且应符合下列要求：

（1）喷头设置高度不应超过 8m；当设置高度为 4 ~ 8m 时，应采用快速响应洒水喷头；

（2）喷头设置高度不超过 4m 时，喷水强度不应小于 0.5L/（s · m）；当超过 4m 时，每增加 1m，喷水强度应增加 0.1L/（s · m）；

（3）喷头的设置应确保喷洒到被保护对象后布水均匀，喷头间距应为 1.8 ~ 2.4m；喷头溅水盘与防火分隔设施的水平距离不应大于 0.3m；

（4）持续喷水时间不应小于系统设置部位的耐火极限要求。

15. 除特殊规定外，自动喷水灭火系统的持续喷水时间应按火灾延续时间不小于 1h 确定。防护冷却水幕按其保护对象的耐火极限确定。防火分隔水幕持续喷水时间不应小于系统设置部位的耐火极限的要求。

16. 利用有压气体作为系统启动介质的干式系统和预作用系统，其配水管道内的气压值应根据报警阀的技术性能确定；利用有压气体检测管道是否严密的预作用系统，配水管道内的气压值不宜小于 0.03MPa，且不宜大于 0.05MPa。

例：一中危险级 I 级场所，根据规范规定，其喷水强度 W = 6L/（min · m^2），作用面积为 160m^2，单只喷头的最大保护面积为 12.5m^2，喷头最大间距 3.6m，配水支管间距最大 3.6m。现确定作用面积的形状和喷头数量。

解题过程：

（1）确定作用面积内喷头数量：

N = A/As = 160/12.5 = 12.8（取 13 个）

（2）确定作用面积的长边 L 和短边 B：

$L \geqslant 1.2\sqrt{A} = 1.2 \times \sqrt{160} = 15.18$m

B = A/L = 160/15.18 = 10.54m

（3）确定配水支管的喷头数 n，因作用面积的长边平行于配水支管，故每条配水支管上的喷头数：

n = L/3.6 = 15.18/3.6 = 4.2 个（可取 5 个）

（4）确定配水支管的数量 N：

N = B/3.6 = 10.54/3.6 = 2.9 条（取 3 条）

由于确定的配水支管条数为 3 条，每条配水支管上有 5 只喷头，显然总的喷头数应为 15 个，比计算数多出 2 个，故应扣除。

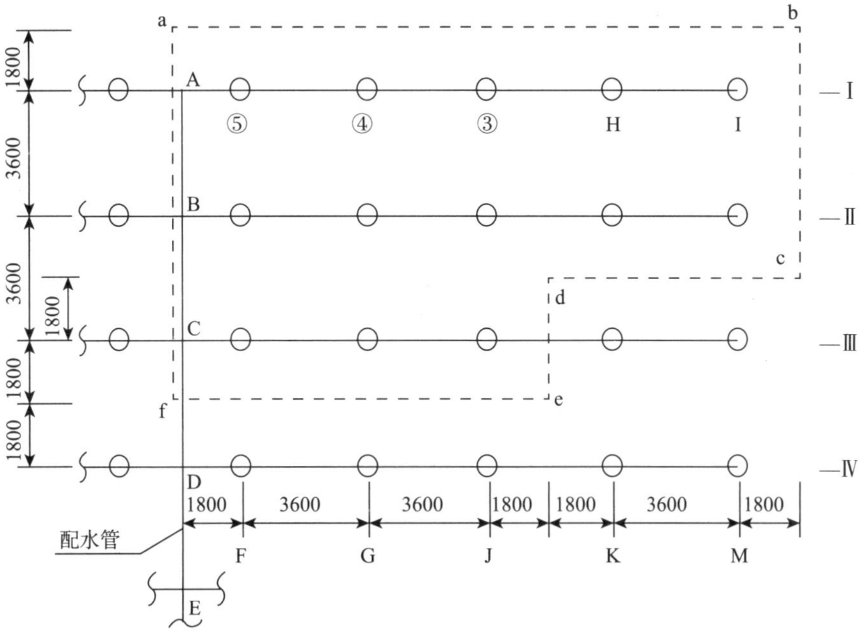

图3-50 是按上述计算绘制的作用面积及喷头布置图

由图可知：作用面积长边 ab 为 18m，短边 af 为 10.8m，长短边之比大于 1.2，作用面积为 168.48m^2，作用面积内喷头数共 13 个。均符合规定。

方案二：配水支管Ⅰ、Ⅱ、Ⅲ上的喷头数各为 4 个（即 n=4.2，取 4），三条配水支管共 12 个喷头，另在喷水支管Ⅳ上增加一个喷头，共计 13 个。

其作用面积为 168.48，其长边为 14.4m，短边为 10.8m，长边与短边之比 1.3，也符合规范规定。

在布置作用面积时，增加喷头或扣除喷头是常有的事，但应注意：

（1）增加或扣除的喷头应在作用面积内配水管上离喷淋泵最近的那条配水支管上。

（2）对于枝状管网，增加的喷头应紧靠配水管（见图 3-50）中的 F、G、J 轴上的喷头。扣除的喷头应从配水支管的最末端开始。

（3）对于环状管网，增加的喷头或扣除的喷头均可不限定，但当增减的喷头数多于一个时，被增减的喷头应连续相邻。

作用面积的矩形尺寸布置应按长边长度至少为作用面积平方根的 1.2 倍确定，而且要求长边必须平行于配水支管。允许将配水管两侧的喷头包括在内。这样做的目的是既照顾到顶棚射流是以火羽流撞击点为中心向四周扩散的事实，又必须考虑把系统流量负荷加在配水支管的长度方向，以便确定配水支管的设计参数。

火灾初期由点火源形成的顶棚射流在撞击顶棚后，会沿撞击点中心向四周运动，当撞击点位于由四只喷头围成的矩形对角线交点处，可认为撞击点位置处于启动喷头的最不利位置，顶棚射流流动到四只喷头的路程最长。在同等条件下响应时间也最长。由此可知，当作用面积为正方形时，喷头的启动规律符合顶棚射流的运动特点，但是这样做，系统的流量在配水支管上的分配并不是最不利的情况，为确定配水支管的各段管径，就必须把系统流量分配在作用面积内的几条支管上，每条支管有更多的喷头参与水力计算，确定支管的各段水力参数，因此，将作用面积规定为矩形，既照顾到顶棚射流的特性，也满足了配水支管水力计算的需要。矩形的形状按长边不小于短边的 1.2 倍计。

在设计基本参数中，规范给出的喷头工作压力 P、喷水强度 W 和作用面积 S，都是最小值。实际的数据应根据计算确定。

项目三　喷头的布置

控火灭火还有另一个重要响应条件，必须予以控制，即是喷头间距。所以设计规范不仅规定了喷水强度，也规定了对应于喷水强度的喷头最大间距和一只喷头的最大保护面积。表 3－18、表 3－19、表 3－20 分别是《自动喷水灭火系统设计规范》（GB 50084—2017）规定的直立型、下垂型、边墙型标准覆盖面积洒水喷头，以及扩大覆盖面积洒水喷头的最大间距和单只喷头的最大保护面积。

如果喷头的保护面积过小，必然造成喷头间距过小。这将会使喷头布置过密，喷头数量增多，管道零件增加，造成费用增高，更为严重的是，喷头间距过小，会造成喷头开放后将相邻喷头淋湿，使喷头不能及时启动，另外，会发生喷头“跳开”，即火源区以外的喷头无效开放，造成水渍损失扩大，因此，单只喷头的保护面积过小，喷头间距过小也是不允许的。

喷头的设置目标是控制火势的热释放速率的增长。其中水幕系统是阻止火势蔓延发展，提高保护对象的耐火极限，除此之外的其他系统都是为扑灭初期火灾，减少火灾损失而设置的。因此布置喷头时，应考虑以下三个条件：

一是喷头应能在火灾初期时洒水，才能高效率地发挥作用，实现防护目标。对闭式喷头及火灾探测器，均要求应能探测初期火灾。

二是洒水喷头应能完全覆盖火区，并满足保护对象所需喷水强度的要求。不出现喷不到水的空白，或喷水强度疏密不均的现象。对闭式喷头，要求处于火源正上方的喷头及时开放，而处于火区外的喷头不应开放。

三是邻墙喷头开放洒水时应能连续地喷湿保护区全部墙面，湿墙线高度应符合规定。

布置喷头时，影响喷头响应时间和开始洒水时间的因素有：顶棚净空高度、顶棚结构和坡度、喷头所在系统类型、喷头溅水盘与顶棚的垂直距离、喷头间距等。

影响喷头喷水强度的因素有：喷头间距和喷头的流量系数、喷头工作压力、喷头附近及下方的障碍物尺寸与喷头的相对位置等。

影响喷头湿墙性能的因素有：喷头的类型和喷头与端墙的水平距离。

喷头应布置在顶板或吊顶下易于接触到火灾热气流并有利于均匀布水的位置。当喷头附近有障碍物时，应符合《自动喷水灭火系统设计规范》（GB 50084—2017）的相关规定或增设补偿喷水强度的喷头。

一、洒水喷头的安装间距

（一）直立型、下垂型

1. 直立型、下垂型标准覆盖面积洒水喷头的布置，包括同一根配水支管上喷头的间距及相邻配水支管的间距，应根据设置场所的火灾危险等级、洒水喷头类型和工作压力确定，并不应大于表 3－18 的规定，且不应小于 1.8m。

表 3－18　直立型、下垂型标准覆盖面积洒水喷头的布置

火灾危险等级	正方形布置的边长（m）	矩形或平行四边形布置的长边边长（m）	一只喷头的最大保护面积（m^2）	喷头与端墙的距离（m）	
				最大	最小
轻危险级	4.4	4.5	20	2.2	0.1
中危险Ⅰ级	3.6	4	12.5	1.8	
中危险Ⅱ级	3.4	3.6	11.5	1.7	
严重危险级、仓库危险级	3	3.6	9	1.5	

注：①设置单排洒水喷头的闭式系统，其洒水喷头间距应按地面不留漏喷空白点确定。
①严重危险级或仓库危险级场所宜采用流量系数大于 80 的洒水喷头。

2. 直立型、下垂型扩大覆盖面积洒水喷头应采用正方形布置，其布置间距不应大于表 3－19 的规定，且不应小于 2.4m。

表 3－19　直立型、下垂型扩大覆盖面积洒水喷头的布置间距

火灾危险等级	正方形布置的边长（m）	一只喷头的最大保护面积（m^2）	喷头与端墙的距离（m）	
			最大	最小
轻危险级	5.4	29	2.7	0.1
中危险Ⅰ级	4.8	23	2.4	
中危险Ⅱ级	4.2	17.5	2.1	
严重危险级	3.6	13	1.8	

（二）边墙型

1. 边墙型标准覆盖面积洒水喷头的布置。边墙型标准覆盖面积洒水喷头的最大保护跨度与间距，应符合表 3－20 的规定：

表 3－20　边墙型标准覆盖面积洒水喷头的最大保护跨度与间距

火灾危险等级	配水支管上喷头的最大间距（m）	单排喷头的最大保护跨度（m）	两排相对喷头的最大保护跨度（m）
轻危险级	3.6	3.6	7.2
中危险Ⅰ级	3	3	6

注：1. 两排相对洒水喷头应交错布置；

2. 室内跨度大于两排相对喷头的最大保护跨度时，应在两排相对喷头中间增设一排喷头。

2. 边墙型扩大覆盖面积洒水喷头的布置。边墙型扩大覆盖面积洒水喷头的最大保护跨度和配水支管上的洒水喷头间距，应按洒水喷头工作压力下能够喷湿对面墙和邻近端墙距溅水盘 1.2m 高度以下的墙面确定，且保护面积内的喷水强度应符合规范对民用建筑和厂房采用湿式系统的设计基本参数即表 3－7 的规定。

二、洒水喷头与顶板、障碍物等的距离

不论是闭式喷头，还是开式喷头都必须对障碍物进行避让。只是开式系统由火灾自动报警系统或人工手动启动，不必考虑障碍物对喷头响应的影响，只需考虑开式喷头下方障碍物对喷头布水性能的影响。

闭式喷头安装在顶板或吊顶下，靠顶板下的顶棚射流来启动。因此，喷头与顶板的相互关系较为密切。障碍物对喷头的影响主要有两个方面：

一是喷头侧向的梁和下方的平面障碍物会阻碍顶棚射流的运动，使闭式喷头难以及时启动。

二是喷头洒水时，喷头侧向或下方的障碍物会破坏喷头的布水形态，造成喷水强度不均和出现喷水不到的空白。

1. 除吊顶型洒水喷头及吊顶下设置的洒水喷头外，直立型、下垂型标准覆盖面积洒水喷头和扩大覆盖面积洒水喷头溅水盘与顶板的距离应为 75～150mm，并应符合下列规定：

①当在梁或其他障碍物底面下方的平面上布置洒水喷头时，溅水盘与顶板的距离不应大于 300mm，同时溅水盘与梁等障碍物底面的垂直距离应为 25～100mm。

②当在梁间布置洒水喷头时，洒水喷头与梁的距离应符合下表 3－21 的规定。确有困难时，溅水盘与顶板的距离不应大于 550mm。梁间布置的洒水喷头，溅水盘与顶板距离达到 550mm 仍不能符合表 3－21 的规定时，应在梁底面的下方增设洒水喷头。

③密肋梁板下方的洒水喷头，溅水盘与密肋梁板底面的垂直距离应为 25～100mm。

④无吊顶的梁间洒水喷头布置可采用不等距方式，但喷水强度仍应符合规范相关的要求，即表 3－7～表 3－17。

表 3－21　喷头与梁、通风管道等障碍物的距离

喷头与梁、通风管道的水平距离 a	喷头溅水盘与梁或通风管道的底面的垂直距离 b		
	标准覆盖面积洒水喷头	扩大覆盖面积洒水喷头、家用喷头	早期抑制快速响应喷头、特殊应用喷头
a＜300	0	0	0
300≤a＜600	b≤60	0	b≤40
600≤a＜900	b≤140	b≤30	b≤140
900≤a＜1200	b≤240	b≤80	b≤250
1200≤a＜1500	b≤350	b≤130	b≤380
1500≤a＜1800	b≤450	b≤180	b≤550
1800≤a＜2100	b≤600	b≤230	b≤780
a≥2100	b≤880	b≤350	b≤780

2. 除吊顶型洒水喷头及吊顶下设置的洒水喷头外，直立型、下垂型早期抑制快速响应喷头、特殊应用喷头和家用喷头溅水盘与顶板的距离应符合表 3－22 的规定。

表 3－22　喷头溅水盘与顶板的距离（mm）

喷头类型		喷头溅水盘与顶板的距离 S_L
早期抑制快速响应喷头	直立型	$100 \leq S_L \leq 150$
	下垂型	$150 \leq S_L \leq 360$
特殊应用喷头		$150 \leq S_L \leq 200$
家用喷头		$25 \leq S_L \leq 100$

三、洒水喷头的其他布置要求

（一）通道上方设置喷头

图书馆、档案馆、商场、仓库中的通道上方宜设有喷头。喷头与被保护对象的水平距离不应小于 0. 3m，喷头溅水盘与保护对象的最小垂直距离不应小于表 3－23 的规定。

表 3－23　喷头溅水盘与保护对象的最小垂直距离（mm）

喷头类型	最小垂直距离
标准覆盖面积洒水喷头、扩大覆盖面积洒水喷头	450
特殊应用喷头、早期抑制快速响应喷头	900

（二）货架内置洒水喷头的设置

货架内置洒水喷头宜与顶板下洒水喷头交错布置，其溅水盘与上方层板的距离应为

75～150mm，与其下部储物顶面的垂直距离不应小于150mm。

（三）障碍物下方增设喷头

当梁、通风管道、成排布置的管道、桥架等障碍物的宽度大于1.2m时，其下方应增设喷头（见图3－51）；采用早期抑制快速响应喷头和特殊应用喷头的场所，当障碍物宽度大于0.6m时，其下方应增设喷头。

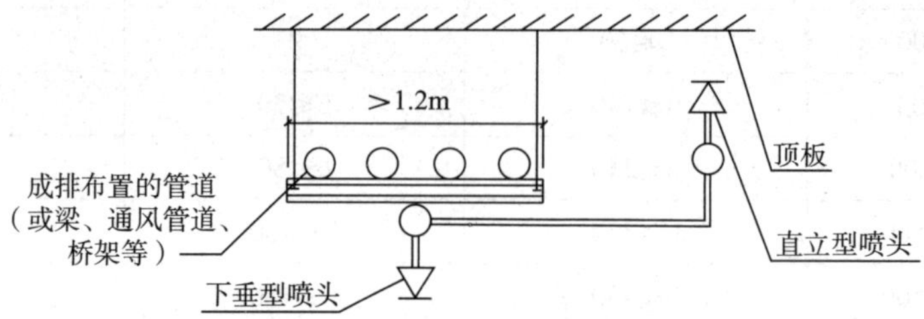

图3－51　障碍物下方增设喷头

（四）洒水喷头挡水板的设置

设置货架内置洒水喷头的仓库，当货架内置洒水喷头上方有孔洞、缝隙时，可在洒水喷头的上方设置挡水板；成排布置的管道、桥架等障碍物下方增设的洒水喷头上方有孔洞、缝隙时，可在洒水喷头的上方设置挡水板。挡水板只有挡水功能，没有集热功能，设置目的是为了防止喷头被淋湿而不能及时开放。只有上述这两种情况下可用，其他情况不能使用。挡水板应为正方形或圆形金属板，其平面面积不宜小于0.12m^2，周围弯边的下沿宜与洒水喷头的溅水盘平齐。

（五）闷顶和技术夹层内洒水喷头的设置

净空高度大于800mm的闷顶和技术夹层内应设置洒水喷头，当同时满足下列情况时，可不设置洒水喷头：

1. 闷顶内敷设的配电线路采用不燃材料套管或封闭式金属线槽保护；
2. 风管保温材料等采用不燃、难燃材料制作；
3. 无其他可燃物。

（六）局部场所设置自动喷水灭火系统时洒水喷头的设置

当局部场所设置自动喷水灭火系统时，局部场所与相邻不设自动喷水灭火系统场所连通的走道和连通门窗的外侧，应设洒水喷头。

（七）装设网格、栅板类通透性吊顶的场所洒水喷头的设置

装设网格、栅板类通透性吊顶的场所，当通透面积占吊顶总面积的比例大于70%时，喷头应设置在吊顶上方，并符合下列规定：

1. 通透性吊顶开口部位的净宽度不应小于10mm，且开口部位的厚度不应大于开口的最小宽度；
2. 喷头间距及溅水盘与吊顶上表面的距离应符合表3－24的规定。

表 3－24　通透性吊顶场所喷头布置要求

火灾危险等级	喷头间距 L（m）	喷头溅水盘与吊顶上表面的最小距离（mm）
轻危险级、中危险级 I 级	L≤3	450
	3＜L≤3.6	600
	L＞3.6	900
中危险级 II 级	L≤3	600
	L＞3	900

（八）斜面顶板或吊顶场所的喷头布置

当顶板或吊顶为斜面时，喷头应垂直于斜面，并应按斜面距离确定喷头间距。坡屋顶的屋脊处应设一排喷头，当屋顶坡度不小于 1/3 时，喷头溅水盘至屋脊的垂直距离不应大于 800mm；当屋顶坡度小于 1/3 时，喷头溅水盘至屋脊的垂直距离不应大于 600mm。

（九）边墙型洒水喷头溅水盘与顶板和背墙的距离

采用边墙型洒水喷头时，其溅水盘与顶板和背墙的距离应符合表 3－25 的规定。

表 3－25　边墙型洒水喷头溅水盘与顶板和背墙的距离（单位：mm）

喷头类型		喷头溅水盘与顶板的距离 S_L（mm）	喷头溅水盘与背墙的距离 S_W（mm）
边墙型标准覆盖面积洒水喷头	直立式	$100 \leq S_L \leq 150$	$50 \leq S_W \leq 100$
	水平式	$150 \leq S_L \leq 300$	－
边墙型扩大覆盖面积洒水喷头	直立式	$100 \leq S_L \leq 150$	$100 \leq S_W \leq 150$
	水平式	$150 \leq S_L \leq 300$	－
边墙型家用喷头		$100 \leq S_L \leq 150$	－

（十）水幕喷头的布置

防火分隔水幕的喷头布置，应保证水幕的宽度不小于 6m。采用水幕喷头时，喷头不应少于 3 排；采用开式洒水喷头时，喷头不应少于 2 排。防护冷却水幕的喷头宜布置成单排。

（十一）防护冷却系统洒水喷头的布置

当防火卷帘、防火玻璃墙等防火分隔设施需采用防护冷却系统保护时，喷头应根据可燃物的情况，在防火分隔设施的一侧或两侧布置；外墙可只在需要保护的一侧布置。

四、闭式喷头的布置

闭式喷头是洒水元件，也是感温释放元件。因此布置闭式喷头时，既要考虑喷头布置对喷水强度的影响，也要考虑喷头布置对喷头响应时间的影响。

1. 喷头布置应满足喷水强度的要求。该要求有两个方面：一是喷水强度是由喷头

K 值、工作压力和喷头布置形式及喷头间距共同决定的；二是喷头布水形态不应被破坏，是保证喷水强度的基本条件。

（1）喷头布置形式和喷水强度。当喷头 K 值、工作压力 P 决定之后，单个喷头的喷水量也就决定了，如何布置喷头来保证喷水强度是关键。

喷头布置有三种形式：正方形布置、矩形布置、菱形布置。其中正方形和矩形布置应用最多，菱形仅仅是一种补充形式。

①喷头的正方形布置。这是应用最多的一种布置形式。正方形布置喷头平面图（见图 3－52），喷头 A 和 B 在一条配水支管上，而喷头 C 和 D 在相邻的另一条配水支管上。配水支管间水平距离 L 和配水支管上喷头间距 S 是相等的。由图可知，当四只喷头 A、B、C、D 的四个喷水圆在正方形的对角线交点上两两相切交汇时，正方形保护面积内不会出现喷头保护不到的空白，也不会出现喷水圆过度交汇，很不经济的现象，这是最合理的布置。从图可知，正方形四个角上的喷头，每只喷头都有 1/4 的喷水量洒落在正方形面积内，所以正方形面积内的洒水量正好是一只喷头的喷水量。这也是一只喷头的保护面积。规范中限制单只喷头的保护面积，也就是指四只喷头围合的正方形面积。

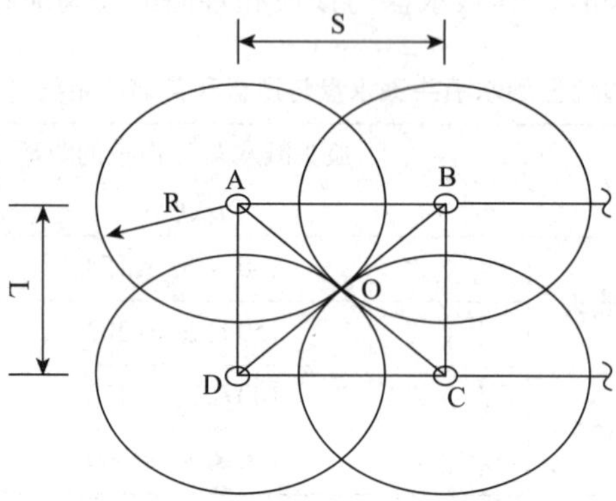

图 3－52 喷头的正方形布置

一只喷头的喷水量 q 和正方形面积 A_s 之比，即为正方形面积内的喷水强度 W。

故 $W = q/A_s$

其中 $q = K\sqrt{10P}$

$A_s = L^2$

则喷头布置间距 $L = \left(\dfrac{K\sqrt{10P}}{W}\right)^{\frac{1}{2}}$

喷头喷水半径 $R = \left(\dfrac{K\sqrt{10P}}{W}\right)^{\frac{1}{2}} / \sqrt{2}$

当确定了喷头 K 值、喷头工作压力 P 和喷水强度 W 后，可以利用上述公式，求得按正方形布置喷头时的正方形边长和喷水圆半径。《自动喷水灭火系统设计规范》（GB 50084—2017）对喷头工作压力 P，喷头间距的最大值和最小值，以及单只喷头的最大保护面积和最小保护面积都有规定，在规定值内调整 S 值和 P 值都可以满足规定的喷水强度 W 的要求。

②喷头的矩形布置（见图 3－53）。

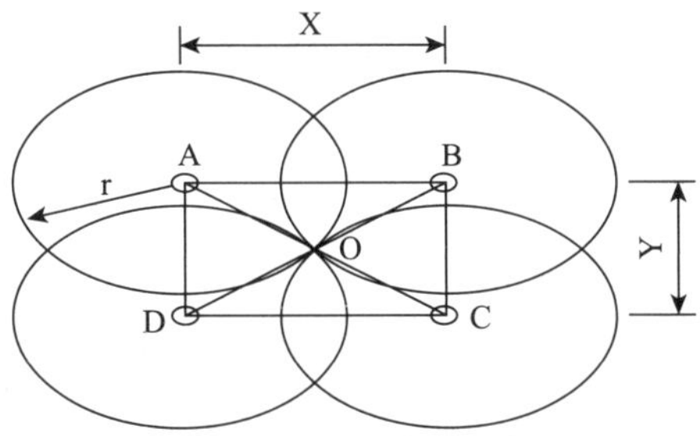

图 3－53　喷头的矩形布置

喷头按矩形布置时，其两条长边 AB、DC 均为相邻的配水支管，而长边上喷头之间间距为 X，短边 AD、BC 为相邻配水支管间距 Y。我们知道正方形是矩形的特例。所以在矩形布置喷头时，四只喷水圆也必须在矩形对角线交点 O 两两相切交汇最为合理。同样，矩形面积用 S 表示，则有：

W = q/S

$$X \cdot Y = \left(\frac{K\sqrt{10P}}{W}\right);2R = (X^2 + Y^2)^{\frac{1}{2}}$$

规范对矩形长边 X 及一只喷头的最大保护面积有规定，故应在规范规定的数据范围内，调整 X、Y、P 来满足喷水强度 W 的要求。

③喷头的菱形布置（见图 3－54、图 3－55）。

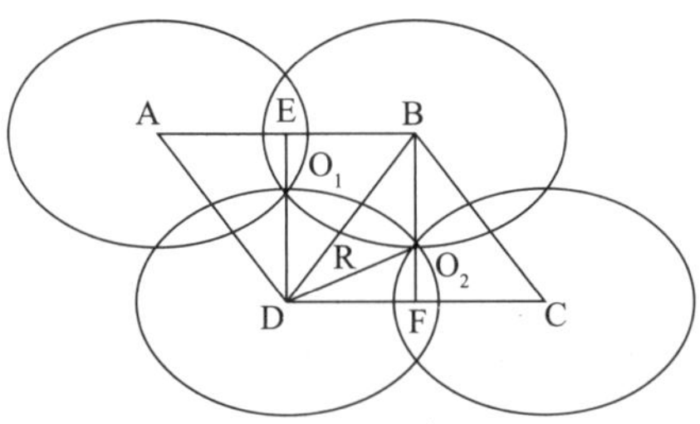

图 3－54　菱形布置的喷头

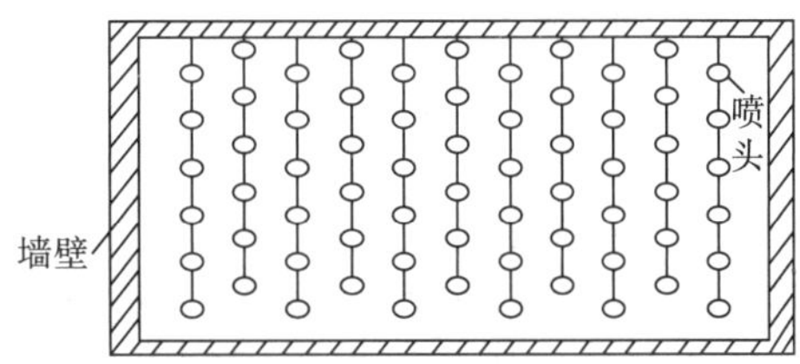

图 3－55　菱形布置示意图

图 3－54 是四只喷头按菱形布置时，喷水圆布水最为均匀合理时的情况。相邻的三只喷头的喷水圆按组交汇于两个等边三角形（△ABD 和△BCD）的垂心 O_1 和 O_2，此时不会出现“喷水不到的空白，也不会使喷水圆过度相汇”，而且每个等边三角形内得到的喷水量为一只喷头喷水量的一半。而菱形面积上得到的喷水量为一只喷头的喷水量。

（2）喷头布水形态必须不受破坏。喷头布水形态不受破坏是保证喷水强度的重要条件。

在喷头洒水曲线下方均不应有任何障碍物阻拦水滴下落时，在地面上得到的喷水强度才能满足设计要求，如受阻拦就会出现喷水保护不到的空白和喷水强度严重不均的现象，为规范所不允许，因此《自动喷水灭火系统设计规范》（GB 50084—2017）采用了大量篇幅来限制障碍物对喷头布水的影响。相关规范做了详细规定，具体见前文喷头的布置要求的相关内容。

2. 喷头布置应满足早期及时响应的要求。国家规范对喷头最大间距和单只喷头的最大保护面积都有严格的限定，即使能保证喷水强度要求，也不允许这两个指标超过规定值，其原因在于这样做会影响闭式喷头及时启动，给火源以扩展时间。

所以，控制闭式喷头的最大间距和单只喷头的最大保护面积，其另一个目的是控制火源与喷头之间的水平距离，使喷头能及时启动。

闭式喷头是依赖于与顶棚射流之间的对流传热，吸收射流的热量而使感温元件达到其动作温度而启动的。当感温元件的热物理性能（公称动作温度，响应时间系数 RTI）一定时，传热效率与顶棚射流的温度及流速成正比，温度高、流速快、传热效率高，感温元件达到动作温度的时间越短，喷头越能在早期火灾中开放。

而当火源热释放速率一定时，顶棚下某点顶棚射流的温度和流速与顶棚高度、该点距火羽流中心半径呈一定的数学关系。所以，喷头的实际响应时间受到顶棚高度和喷头所在位置与火源中心的距离影响。据此，国家标准规定了喷头最大间距和单只喷头的最大保护面积。

例：一高层办公楼，用 $K=80$ 标准洒水流量喷头正方形布置，满足喷水强度 $W=6$ 要求时，求喷头间距 L，一只喷头的保护面积 A_S，喷头的喷水圆半径 R。设喷头的工作压力为 0.1MPa 或 0.05MPa，并依据规范判定是否符合要求。

解题过程：

第一步：查规范，确定火灾危险等级。

公共建筑中危险级 Ⅰ 级。

第二步：套公式，计算喷头间距。

$$L = \left(\frac{K\sqrt{10P}}{W}\right)^{\frac{1}{2}}$$

$P=0.05\text{MPa}$ 时，$L=3.07\text{m}$

$P=0.1\text{MPa}$ 时，$L=3.65\text{m}$

第三步：查规范，判定是否合理。

规范规定：喷水强度 W=6 时，正方形布置的喷头间距不应大于 3.6m，不宜小于 2.4m。故 3.65m 不符合要求。

第四步：根据规范调整。

根据规范，$P=0.1\text{MPa}$ 时，取 $L=3.6\text{m}$。

$P=0.05\text{MPa}$ 时，为方便可取 $L=3\text{m}$。

第五步：计算 A_S 和 R。

$L=3.6\text{m}$ 时，$R = L/\sqrt{2} = 2.55\text{m}$，$A_S=12.96$

$L=3\text{m}$ 时，$R=2.12\text{m}$，$A_S=9$

3. 喷头间距过小带来的负面效果。喷头的间距和单只喷头的保护面积也并不是越小越好。国内外的标准都规定了喷头最小间距和单只喷头最小保护面积，其中既有技术的原因，也有经济的原因。

从经济上说，喷头间距过小，单只喷头保护的面积小，由于喷头布置密度增大，喷头数量增多，管道配件增多，投资增大。

从技术上来说，喷头间距太小，容易发生喷头开放后淋湿相邻喷头热敏元件，增大喷头热容量使喷头不能及时开放。

此外，喷头间距太小会发生在同一功率的火灾中，开放喷头多，水压相对降低，使喷水强度降低。对于快速响应喷头，则可能发生火区以外的喷头开放，造成水渍损失。

4. 闭式喷头的布置要求。闭式喷头必须布置在封闭、平整、水平的无障碍的顶板（顶棚、吊顶、天花板）下，即使有坡度，也不应超过 16.7%，这是因为水平面有利于顶棚射流的形成。如果顶棚有超过 16.7% 的坡度，顶棚射流将只向一个方向运动，只能使一侧方向的喷头开放，而且开放的喷头可能在火区外洒水。

（1）闭式喷头溅水盘与顶板的垂直距离。规范对闭式喷头溅水盘与顶板的距离都有明确规定，目的是使喷头感温元件处于与顶棚射流进行对流传热的最佳位置。保证感温释放元件在火灾初期及时开放。喷头离顶板过远，不能接触到热气流，就不能及时开放，如果喷头离顶板太近，也不利于喷头的启动。

①顶棚射流是半限制的重力分层流，由于顶板对射流黏性的影响，在十分贴近顶棚处的射流的流速低，不利于对流传热。

②顶棚射流在厚度方向的最高温度在顶棚之下小于等于 0.01h（h 为顶棚至火源面的垂直距离）的区域内，但并不紧贴顶棚面。喷头处于这一区域，有利于提高传热效率。

③喷头离顶板太近，喷头布水形态易受影响。

国家标准对闭式喷头溅水盘与顶板的垂直距离要求可以参见《自动喷水灭火系统设计规范》（GB 50084—2017）。

喷头溅水盘应平行于吊顶、屋顶或楼梯的斜面，而且应排列一行。在斜面下安装闭式喷头时，喷头轴线应垂直于斜面，喷头间距应沿斜面测量。

（2）闭式喷头的水平间距和单只喷头的最大保护面积。闭式喷头的水平间距是指同一配水支管上喷头之间的相邻水平间距和相邻配水支管间对应喷头的水平间距。控制喷头间距的目的是：

①控制起火点至喷头的水平距离，使喷头能及时动作；

②保证系统设计喷水强度，在此前提下控制喷头的布置密度，使投资水平降低；

③避免喷头洒水打湿相邻喷头；

④避免在火区以外的喷头开放。

如果火灾危险级别越高，表示火灾热释放速率增长越快，需要及时控制火势，在顶棚高度不变的情况下，采用较小的喷头间距和单只喷头的保护面积，有利于降低喷头的实际响应时间系数 RTI，有利于缩短喷头的响应时间。

五、开式喷头的布置

开式喷头的性能和布置要求。开式系统的配水管网上的喷头是不带感温释放装置的，它在火灾时只有喷水性能，布置喷头时只需考虑喷水强度。

开式喷头的布置方式是按保护对象和保护目标确定的，大体可分为以下三类：

第一类为扑灭地面火灾，保护对象在地面。如雨淋系统，均按“设计喷水强度—作用面积”布置喷头，其布置要求与闭式系统完全相同，不同之处在于雨淋系统是在作用面积内同时喷水。

第二类为实现防火分隔。如防火分隔水幕系统。系统喷头按多列布置在一条带形区域，通过洒水形成垂直的水幕帘，以阻断火灾热辐射。

第三类为实现防火冷却。如防护冷却水幕系统。系统喷头按单列布置成线型，将水洒向保护对象，对其进行防护冷却，以使其保持一定的耐火极限。

雨淋系统的喷头布置只需要考虑喷水强度的要求，可按闭式喷头的要求布置。

水幕系统的喷头布置要求与水幕喷头的性能有关，因此，对水幕系统进行喷头布置设计必须先了解水幕喷头的性能。《自动喷水灭火系统　第13部分　水幕喷头》（GB 5135.13—2006）对水幕喷头的性能做了要求。

项目四　系统设计方法——水力计算法

《自动喷水灭火系统设计规范》（GB 50084—2017）推荐的系统用水量计算方法是水力计算法，又叫沿途特性系数法。不论系统保护对象的火灾危险等级和具体环境和条件，不论新建或改建系统均可采用此法。

水力计算法——按保护对象的火灾危险等级，依据“喷水强度—保护面积曲线”确定系统的喷水强度、作用面积，并逐个计算作用面积内喷头在各点压力下的喷水量，同时通过对系统的水力计算来确定配水管网的管径和系统总流量、总压力，进一步为选择喷淋泵提供依据。

水力计算法从系统最不利点喷头开始，沿途对各节点的喷头，按其实际工作压力下的实际流量逐一进行计算，系统的设计流量为作用面积内各喷头实际流量之和。

第一，应在系统水利条件最不利的管网上，选定一个包含最不利点喷头在内的作用面积，而且作用面积的大小和尺寸比例应符合要求，作用面积内的喷水强度、喷头间距及最不利点喷头最小工作压力都必须符合《自动喷水灭火系统设计规范》（GB 50084—2017）标准的规定。

第二，在作用面积内，通过对最不利点喷头与其相邻的另三只喷头围合的图形进行计算得到基本设计参数。这时最不利点喷头的工作压力和流量已经确定。

第三，从最不利点喷头开始，沿其配水支管，按逆向于水流方向，逐段进行计算，得到各节点喷头工作压力和流量，管段流量为下游喷头节点流量的总和，节点压力为相邻下一个节点压力加上管段流量流过管段的阻力损失之和。用这种方法将作用面积内各节点压力、各管段的流量、各喷头的流量求得，最终得到系统向作用面积供水的第一个节点压力和流量。该流量为作用面积内所有喷头实际流量的总和。

第四，从这个供水节点开始，以作用面积的总流量和节点压力，逆水流方向一直计算到喷淋泵出口处，得到喷淋泵的流量和扬程。喷淋泵应满足系统在火灾时对水量和水压的要求，保证系统在规定的作用面积内按规定的喷水强度洒水，而且必须考虑尽可能降低一次投资和常年运行费用。

1. 《自动喷水灭火系统设计规范》（GB 50084—2017）推荐的喷头流量计算公式如下：

$$q = K\sqrt{10P}$$

式中：q——喷头流量（L/min）；

P——喷头工作压力（MPa）；

K——喷头流量系数。

2. 系统的设计流量，应按最不利点处作用面积内喷头同时喷水的总流量确定，且应按下式计算：

$$Q = \frac{1}{60}\sum_{i=1}^{n} q_i$$

式中：Q——系统设计流量（L/s）；

q_i——最不利点处作用面积内各喷头节点的流量（L/min）；

n——最不利点处作用面积内的洒水喷头数。

3. 管道单位长度的沿程阻力损失应按下式计算：

$$i = 6.05\left(\frac{q_g^{1.85}}{C_h^{1.85} d_j^{4.87}}\right) \times 10^7$$

式中：i——管道单位长度的水头损失（kPa/m）；

d_j——管道计算内径（mm）；

q_g——管道设计流量（L/min）；

C_h——海澄—威廉系数。

表 3－26　不同类型管道的海澄—威廉系数

管道类型	C_h
镀锌钢管	120
铜管、不锈钢管	140
涂覆钢管、氯化聚氯乙烯（PVC－C）管	150

4. 管道的局部水头损失计算公式和方法：部分管件计入法计算局部水头损失。这种方法是仅将水流方向有改变的节点的管件按《自动喷水灭火系统设计规范》（GB 50084—2017）中当量长度表中的当量长度计算局部水头损失，而对直线管段上的管件，则不计其水头损失。

表 3－27　镀锌钢管件和阀门的当量长度表（m）

管件和阀门	公称直径（mm）								
	25	32	40	50	65	80	100	125	150
45°弯头	0.3	0.3	0.6	0.6	0.9	0.9	1.2	1.5	2.1
90°弯头	0.6	0.9	1.2	1.5	1.8	2.1	3	3.7	4.3
90°长弯管	0.6	0.6	0.6	0.9	1.2	1.5	1.8	2.4	2.7
三通或四通（侧向）	1.5	1.8	2.4	3	3.7	4.6	6.1	7.6	9.1
蝶阀	—	—	—	1.8	2.1	3.1	3.7	2.7	3.1

续表

管件和阀门	公称直径（mm）								
	25	32	40	50	65	80	100	125	150
闸阀	—	—	—	0.3	0.3	0.3	0.6	0.6	0.9
止回阀	1.5	2.1	2.7	3.4	4.3	4.9	6.7	8.2	9.3
异径接头	32/25	40/32	50/40	65/50	80/65	100/80	125/100	150/125	200/150
	0.2	0.3	0.3	0.5	0.6	0.8	1.1	1.3	1.6

注：1. 过滤器当量长度的取值，由生产厂提供；

2. 当异径接头的出口直径不变而入口直径提高1级时，其当量长度应增大0.5倍；提高2级或2级以上时，其当量长度应增大1.0倍；

3. 当采用铜管或不锈钢管时，当量长度应乘以系数1.33，当采用涂覆钢管、氯化聚氯乙烯（PVC－C）管时，当量长度应乘以系数1.51。

5. 水泵扬程或系统入口的供水压力应按下式计算：

$$H = (1.2 \sim 1.4)\sum P_p + P_0 + Z - h_c$$

式中：H——水泵扬程或系统入口的供水压力（MPa）；

$\sum P_p$——管道沿程和局部水头损失的累计值（MPa），报警阀的局部水头损失应按照产品样本或检测数据确定。当无上述数据时，湿式报警阀取值0.04MPa、干式报警阀取值0.02MPa、预作用装置取值0.08MPa、雨淋报警阀取值0.07MPa、水流指示器取值0.02MPa；

P_0——最不利点处喷头的工作压力（MPa）；

Z——最不利点处喷头与消防水池的最低水位或系统入口管水平中心线之间的高程差，当系统入口管或消防水池最低水位高于最不利点处喷头时，Z应取负值（MPa）；

h_c——从城市市政管网直接抽水时城市管网的最低水压（MPa）；当从消防水池吸水时，h_c取0。

模块四　自动喷水灭火系统的控制

自动喷水灭火系统的消防水泵应同时具备自动控制、消防控制室（盘）远程控制和消防水泵房现场应急机械操作的启动方式。其中，自动控制启动方式应根据系统的不同类型而有所区别。

一、湿式系统和干式系统的控制

湿式系统和干式系统的联动控制设计，应符合下列规定：

1. 湿式系统和干式系统应由消防水泵出水干管上设置的压力开关、高位消防水箱出水管上的流量开关和报警阀组压力开关直接启动消防水泵，联动控制不应受消防联动控制器处于自动或手动状态影响。干式系统配水管道充水时间不宜大于1min。

2. 手动控制方式，应将喷淋消防泵控制箱（柜）的启动、停止按钮用专用线路直接连接至设置在消防控制室内的消防联动控制器的手动控制盘，直接手动控制喷淋消防泵的启动、停止。

3. 水流指示器、信号阀、压力开关、喷淋消防泵的启动和停止的动作信号应反馈至消防联动控制器。

二、预作用系统的联动控制设计，应符合下列规定

1. 处于准工作状态时严禁误喷的场所，宜采用仅有火灾自动报警系统直接控制的预作用系统。联动控制方式，应由同一报警区域内两只及以上独立的感烟火灾探测器或一只感烟火灾探测器与一只手动火灾报警按钮的报警信号，作为预作用阀组开启的联动触发信号，由消防联动控制器控制预作用阀组的开启，使系统转变为湿式系统，当系统设有快速排气装置时，应联动控制排气阀前的电动阀开启，其配水管道充水时间不宜大于2min。处于准工作状态时严禁管道充水的场所和用于替代干式系统的场所，宜由火灾自动报警系统和充气管道上设置的压力开关控制的预作用系统。联动控制方式，应由同一报警区域内两只及以上独立的感烟火灾探测器或一只感烟火灾探测器与一只手动火灾报警按钮的报警信号作为一组信号，再加上充气管道上设置的压力开关的信号作为预作用阀组开启的联动触发信号。由消防联动控制器控制预作用阀组的开启，使系统转变为湿式系统；当系统设有快速排气装置时，应联动控制排气阀前的电动阀的开启，其配水管道充水时间不宜大于1min。预作用系统应由火灾自动报警系统、消防水泵出水干管上设置的压力开关、高位消防水箱出水管上的流量开关和报警阀组压力开关直接自动启动消防水泵。

2. 手动控制方式，应将喷淋消防泵控制箱（柜）的启动和停止按钮、预作用阀组和快速排气阀入口前的电动阀的启动和停止按钮，用专用线路直接连接至设置在消防控制室内的消防联动控制器的手动控制盘，直接手动控制喷淋消防泵的启动、停止及预作用阀组和电动阀的开启。

3. 水流指示器、信号阀、压力开关、喷淋消防泵的启动和停止的动作信号，有压气体管道气压状态信号和快速排气阀入口前电动阀的动作信号应反馈至消防联动控制器。

三、雨淋系统的联动控制设计，应符合下列规定

雨淋报警阀的自动控制方式可采用电动、液（水）动或气动。当雨淋报警阀采用充液（水）传动管自动控制时，闭式喷头与雨淋报警阀之间的高程差，应根据雨淋报警阀的性能确定。

1. 当雨淋系统采用火灾自动报警系统控制雨淋报警阀时，联动控制方式应由同一报警区域内两只及以上独立的感温火灾探测器或一只感温火灾探测器与一只手动火灾报警按钮的报警信号，作为雨淋阀组开启的联动触发信号。应由消防联动控制器控制雨淋

阀组的开启。

2. 手动控制方式，应将雨淋消防泵控制箱（柜）的启动和停止按钮、雨淋阀组的启动和停止按钮，用专用线路直接连接至设置在消防控制室内的消防联动控制器的手动控制盘，直接手动控制雨淋消防泵的启动、停止及雨淋阀组的开启。

3. 水流指示器，压力开关，雨淋阀组、雨淋消防泵的启动和停止的动作信号应反馈至消防联动控制器。

雨淋系统和自动控制的水幕系统，消防水泵的自动启动方式应符合下列要求：

一是当采用火灾自动报警系统控制雨淋报警阀时，消防水泵应由火灾自动报警系统、消防水泵出水干管上设置的压力开关、高位消防水箱出水管上的流量开关和报警阀组压力开关直接自动启动；

二是当采用充液（水）传动管控制雨淋报警阀时，消防水泵应由消防水泵出水干管上设置的压力开关、高位消防水箱出水管上的流量开关和报警阀组压力开关直接启动。

四、自动控制的水幕系统的联动控制设计，应符合下列规定

1. 联动控制方式，当自动控制的水幕系统用于防火卷帘的保护时，应由防火卷帘下落到楼板面的动作信号与本报警区域内任一火灾探测器或手动火灾报警按钮的报警信号作为水幕阀组启动的联动触发信号，并应由消防联动控制器联动控制水幕系统相关控制阀组的启动；仅用水幕系统作为防火分隔时，应由该报警区域内两只独立的感温火灾探测器的火灾报警信号作为水幕阀组启动的联动触发信号，并应由消防联动控制器联动控制水幕系统相关控制阀组的启动。

2. 手动控制方式，应将水幕系统相关控制阀组和消防泵控制箱（柜）的启动、停止按钮用专用线路直接连接至设置在消防控制室内的消防联动控制器的手动控制盘，并应直接手动控制消防泵的启动、停止及水幕系统相关控制阀组的开启。

3. 压力开关、水幕系统相关控制阀组和消防泵的启动、停止的动作信号，应反馈至消防联动控制器。

预作用系统、雨淋系统和自动控制的水幕系统，应同时具备下列三种开启报警阀组的控制方式：

（1）自动控制；

（2）消防控制室（盘）远程控制；

（3）预作用装置或雨淋报警阀处现场手动应急操作。

模块五　自动喷水灭火系统的施工与验收

项目一　自动喷水灭火系统的施工

一、自动喷水灭火系统施工的基本要求

自动喷水灭火系统的施工与验收是该系统能正常投入工作状态，在万一发生火灾时准确启动灭火的一个关键步骤。自动喷水灭火系统的施工必须由具有相应等级资质的施工队伍承担。系统施工应按设计要求编写施工方案。施工现场应具有必要的施工技术标准、健全的施工质量管理体系和工程质量检验制度，并应按《自动喷水灭火系统施工及验收规范》（GB 50261—2017）的要求填写相关记录。

（一）自动喷水灭火系统施工前应具备的条件

1. 施工图应经审查批准或备案后方可施工。平面图、系统图（轴测图、展开系统原理图）、施工详图等图纸及说明书、设备表、材料器材表等技术文件应齐全。

2. 设计单位应向施工、建设、监理单位进行技术交底。

3. 系统组件、管件及其他设备、材料，应能保证正常施工。

4. 施工现场及施工中使用的水、电、气应满足施工要求，并应保证连续施工。

5. 施工人员必须经过技术培训，对自动喷水灭火系统的原理、应用有所了解，并熟悉设计图纸。

（二）自动喷水灭火系统施工工艺流程

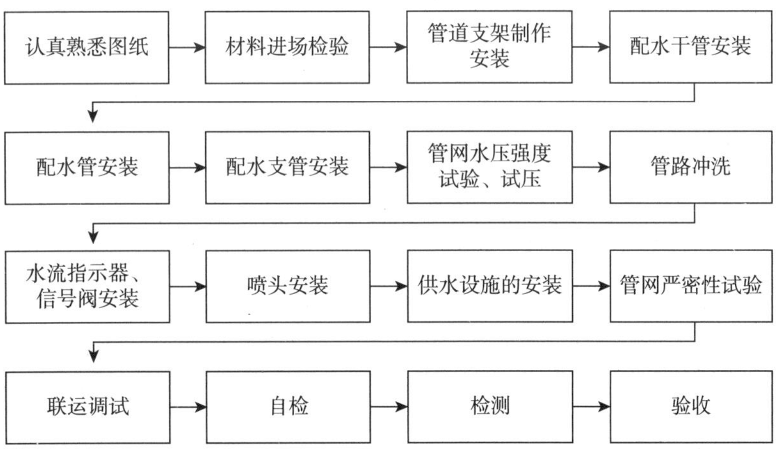

（三）自动喷水灭火系统施工过程质量控制

自动喷水灭火系统工程的施工过程质量控制，应按下列规定进行：

1. 各工序应按施工技术标准进行质量控制，每道工序完成后，应进行检查，检查合格后方可进行下道工序；

2. 相关各专业工种之间应进行交接检验，并经监理工程师签证后方可进行下道

工序；

3. 安装工程完工后，施工单位应按相关专业调试规定进行调试；

4. 调试完工后，施工单位应向建设单位提供质量控制资料和各类施工过程质量检查记录；

5. 施工过程质量检查组织应由监理工程师组织施工单位人员组成；

6. 施工过程质量检查记录按《自动喷水灭火系统施工及验收规范》（GB 50261—2017）的要求填写。

二、自动喷水灭火系统进场检查

自动喷水灭火系统施工前，应对系统组件、管件及其他设备、材料进行现场检查，检查不合格者不得使用。系统组件、管件及其他设备、材料，应符合设计要求和国家现行有关标准的规定，并应具有出厂合格证或质量认证书。喷头、报警阀组、压力开关、水流指示器、消防水泵、水泵接合器等系统主要组件，应经国家消防产品质量监督检验中心检测合格；稳压泵、自动排气阀、信号阀、多功能水泵控制阀、止回阀、泄压阀、减压阀、蝶阀、闸阀、压力表等，应经相应国家产品质量监督检验中心检测合格。

（一）洒水喷头的现场检查

为了避免喷头生产、出厂检验、运输等过程中出现产品质量问题而导致安装缺陷，喷头到场后，重点检查其外观、密封性、质量偏差等内容。

1. 洒水喷头的外观标志检查。

（1）喷头溅水盘或者本体上应有型号、规格、生产厂商名称（代号）或者商标、生产时间、响应时间指数（RTI）等永久性标识。

（2）边墙型喷头上有水流方向标识，隐蔽式喷头的盖板上有“不可涂覆”等文字标识。

（3）喷头的型号、规格等应符合设计要求。喷头型号、规格的标记由类型特征代号（型号）、性能代号（见表 3 – 28）、公称直径和公称动作温度等部分组成，型号、规格所示的性能参数应符合设计文件的选型要求。

表 3 – 28 常见喷头的型号、规格实例

喷头名称	直立型喷头	下垂型喷头	直立边墙型喷头	水平边墙型喷头	干式喷头	齐平式喷头	嵌入式喷头	隐蔽式喷头
性能代号	ZSTZ	ZSTX	ZSTBZ	ZSTBS	ZSTG	ZSTDQ	ZSTDR	ZSTDY

2. 喷头的外观质量检查。

（1）喷头外观应无加工缺陷和机械损伤。溅水盘无松动、脱落、损坏或变形等情况。

（2）喷头螺纹密封面应无伤痕、毛刺、缺丝或断丝现象。

3. 闭式喷头密封性能试验。

（1）密封性能试验的试验压力为 3MPa，保压时间不少于 3min。

（2）随机从每批到场喷头中抽取1%，且不少于5只作为试验喷头。当1只喷头试验不合格时，再抽取2%，且不少于10只的到场喷头进行重复试验。

（3）试验以喷头无渗漏、无损伤判定为合格。累计两只以及两只以上喷头试验不合格的，不得使用该批喷头。

喷头密封性能专用试验装置（见图3－56）。

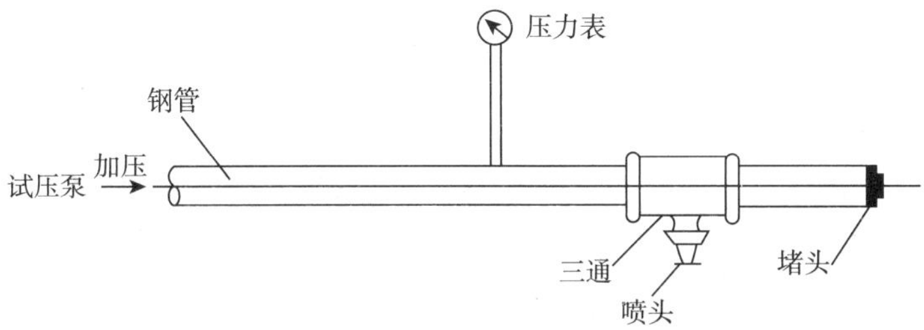

图3－56　喷头密封性能专用试验装置

4. 喷头质量偏差检查。

（1）随机抽取3只喷头（带有运输护帽的摘下护帽）进行质量偏差检查。

（2）使用天平测量每只喷头的质量。

（3）计算喷头质量与合格检验报告描述的质量偏差，偏差不得超过5%。

（二）报警阀组现场检查

为了保证报警阀组及其附件的安装质量和基本性能要求，报警阀组到场后，重点检查（验）报警阀组外观、报警阀组操作性能和报警阀渗漏等内容。

1. 报警阀组外观检查。

（1）报警阀的商标、型号、规格等标志应齐全，阀体上有水流指示方向的永久性标识。

（2）报警阀的型号、规格应符合经消防设计审核合格或者备案的消防设计文件要求。

（3）报警阀组及其附件应配备齐全，表面无裂纹，无加工缺陷和机械损伤。

2. 报警阀组操作性能检验。

（1）报警阀阀板以及操作机构应动作灵活，无卡涩现象。

（2）水力警铃的铃锤应转动灵活，无阻滞现象。

（3）水力警铃传动轴密封性能应良好，无渗漏水现象。

（4）进口压力为0.14MPa、排水流量不大于15L/min时，不报警；流量为15～60L/min时，可报可不报；流量大于60L/min时，必须报警。

3. 报警阀渗漏检验。测试报警阀密封性，试验压力为额定工作压力的2倍的静水压力，保压时间不小于5min后，阀瓣处应无渗漏。

（三）末端试水装置的现场检查

1. 测试末端试水装置密封性能，试验压力为额定工作压力的1.1倍，保压时间为5min，末端试水装置试水阀关闭，测试结束时末端试水装置各组件无渗漏。

2. 末端试水装置手动（电动）操作方式灵活，便于开启，信号反馈装置能够在末端试水装置开启后输出信号，试水阀关闭后，末端试水装置无渗漏。

三、自动喷水灭火系统施工调试

（一）喷头的安装

喷头安装必须在系统试压、冲洗合格后进行。安装前，查阅消防设计文件，确定不同使用场所的喷头型号、规格。喷头安装按照下列要求实施：

1. 喷头安装应使用专用扳手（见图3－57），严禁利用喷头的框架施拧；喷头的框架、溅水盘产生变形或释放原件损伤时，应采用规格、型号相同的喷头更换。

图3－57　喷头安装专用工具实物

2. 喷头安装时，不得对喷头进行拆装改动，并严禁给喷头、隐蔽式喷头的装饰盖板附加任何装饰性涂层。

3. 不同类型的喷头按照下列要求安装：

（1）直立型喷头连接DN25短立管或者直接向上直立安装于配水支管上。

（2）下垂型喷头连接DN25短立管或者直接下垂安装于配水支管上。

（3）边墙型喷头根据选定的型号、规格，水平安装于顶棚（吊顶）下的边墙上，或者直立向上、下垂安装于顶棚下。

（4）干式喷头连接于特殊的短立管上，根据其保护区域结构特征和喷头型号、规格，直立向上、下垂或者水平安装于配水支管上，短立管入口处设置密封件，阻止水流在喷头动作前进入立管。

（5）嵌入式喷头、隐蔽式喷头安装时，喷头根部螺纹及其部分或者全部本体嵌入吊顶护罩内，喷头下垂安装于配水支管上。

（6）齐平式喷头安装时，喷头根部螺纹及其部分本体下垂安装于吊顶内配水支管上，部分或者全部热敏元件随部分喷头本体安装于吊顶下。

（7）喷头安装在易受机械损伤处，加设喷头防护罩。

4. 安装在易受机械损伤处的喷头，应加设喷头防护罩。

5. 当喷头的公称直径小于10mm时，应在配水干管或配水管上安装过滤器。

（二）报警阀组的安装

报警阀组的安装应在供水管网试压、冲洗合格后进行。安装时应先安装水源控制阀、报警阀，然后进行报警阀辅助管道的连接。水源控制阀、报警阀与配水干管的连接，应使水流方向一致。报警阀组安装的位置应符合设计要求；当设计无要求时，报警阀组应安装在便于操作的明显位置，距室内地面高度宜为1.2m；两侧与墙的距离不应小于0.5m；正面与墙的距离不应小于1.2m；报警阀组凸出部位之间的距离不应小于0.5m。安装报警阀组的室内地面应有排水设施，排水能力应满足报警阀调试、验收和利用试水阀门泄空系统管道的要求。

报警阀组附件的安装应符合下列要求：压力表应安装在报警阀上便于观测的位置；

排水管和试验阀应安装在便于操作的位置；水源控制阀安装应便于操作，且应有明显开闭标志和可靠的锁定设施。

1. 湿式报警阀组的安装应符合下列要求：

（1）报警阀前后的管道能够快速充满水，压力波动时，水力警铃不发生误报警。

（2）报警管路上的过滤器应安装在延迟器前，且便于排渣操作的位置。

2. 干式报警阀组的安装应符合下列要求：

（1）应安装在不发生冰冻的场所。

（2）安装完成后，应向报警阀气室注入高度为50～100mm的清水。

（3）充气连接管接口应在报警阀气室充注水位以上部位，且充气连接管的直径不应小于15mm；止回阀、截止阀应安装在充气连接管上。

（4）气源设备的安装应符合设计要求和国家现行有关标准的规定。

（5）安全排气阀应安装在气源与报警阀之间，且应靠近报警阀。

（6）加速器应安装在靠近报警阀的位置，且应有防止水进入加速器的措施。

（7）低气压预报警装置应安装在配水干管一侧。

（8）下列部位应安装压力表。

①报警阀充水一侧和充气一侧；

②空气压缩机的气泵和储气罐上；

③加速器上。

（9）管网充气压力应符合设计要求。

3. 雨淋报警阀组的安装应符合下列要求：

（1）雨淋阀组可采用电动开启、传动管开启或手动开启，开启控制装置的安装应安全可靠。水传动管的安装应符合湿式系统有关要求。

（2）预作用系统雨淋阀组后的管道若需充气，其安装应按干式报警阀组有关要求进行。

（3）雨淋阀组的观测仪表和操作阀门的安装位置应符合设计要求，并应便于观测和操作。

（4）雨淋阀组手动开启装置的安装位置应符合设计要求，且在发生火灾时应能安全开启和便于操作。

（5）压力表应安装在雨淋阀的水源一侧。

（三）其他组件的安装

1. 水流指示器的安装应符合下列要求：

（1）水流指示器的安装应在管道试压和冲洗合格后进行，水流指示器的规格、型号应符合设计要求。

（2）水流指示器应使电器元件部位竖直安装在水平管道上侧，其动作方向应和水流方向一致；安装后的水流指示器桨片、膜片应动作灵活，不应与管壁发生碰擦。

2. 控制阀的安装。控制阀的规格、型号和安装位置均应符合设计要求；安装方向应正确，控制阀内应清洁、无堵塞、无渗漏；主要控制阀应加设启闭标志；隐蔽处的控制阀应在明显处设有指示其位置的标志。

3. 压力开关的安装。压力开关应竖直安装在通往水力警铃的管道上，且不应在安装中拆装改动。管网上的压力控制装置的安装应符合设计要求。

4. 水力警铃的安装。水力警铃应安装在公共通道或值班室附近的外墙上，且应安装检修、测试用的阀门。水力警铃和报警阀的连接应采用热镀锌钢管，当镀锌钢管的公称直径为20mm时，其长度不宜大于20m；安装后的水力警铃启动时，警铃声强度应不小于70dB。

5. 末端试水装置和试水阀的安装。末端试水装置和试水阀的安装位置应便于检查、试验，并应有相应排水能力的排水设施。

6. 排气阀的安装。排气阀的安装应在系统管网试压和冲洗合格后进行，排气阀应安装在配水干管顶部、配水管的末端，且应确保无渗漏。

（四）系统的试压和冲洗

为确保管网安装后不出现漏水、管道及管件承压能力不足、杂质及污损物影响系统正常使用等问题，管网安装完毕后，应组织实施管网强度试验、严密性试验和冲洗。

强度试验和严密性试验宜采用水作为介质进行试验。干式自动喷水灭火系统、预作用自动喷水灭火系统采用水、空气或者氮气作为介质分别进行水压试验和气压试验。系统试压完成后，填写冲洗、试压记录，及时拆除所有临时盲板和试验用管道，并与记录核对无误。

1. 系统试压、冲洗基本要求。

（1）管网安装完毕后进行试压试验和管网冲洗，试压、冲洗在具备下列规定条件的情况下实施：

①试压冲洗方案已经批准。

②经复查，埋地管道的位置及管道基础、支墩等经复查应符合设计文件要求。

③准备不少于2支的试压用压力表，精度不应低于1.5级，量程应为试验压力值的1.5~2倍。

④对不能参与试压的设备、仪表、阀门及附件应加以隔离或拆除；加设的临时盲板应具有突出于法兰的边耳，且应做明显标志，并记录临时盲板的数量。

（2）系统试压过程中，当出现泄漏时，应停止试压，并应放空管网中的试验介质，消除缺陷后重新再试。

（3）水压试验和水冲洗宜采取用生活用水进行，不得使用海水或含有腐蚀性化学物质的水。

2. 水压试验。

（1）水压试验的要求。

①水压试验时环境温度不宜低于5℃，当低于5℃时，水压试验应采取防冻措施。

②自动喷水灭火系统的水源干管、进户管和室内埋地管道，应在回填前单独或与系统一起进行水压强度试验和水压严密性试验。

（2）水压强度试验的方法。

①当系统设计工作压力等于或小于1MPa时，水压强度试验压力应为设计工作压力的1.5倍，并不应低于1.4MPa；当系统设计工作压力大于1MPa时，水压强度试验压

力应为该工作压力加0.4MPa。

②水压强度试验的测试点应设在系统管网的最低点。对管网注水时应将管网内的空气排净，并应缓慢升压，达到试验压力后稳压30min后，管网应无泄漏、无变形，且压力降不应大于0.05MPa。

（3）水压严密性试验的方法。

①水压严密性试验应在水压强度试验和管网冲洗合格后进行。

②试验压力应为设计工作压力，稳压24h，应无泄漏。

3. 气压严密性试验。

①气压严密性试验压力应为0.28MPa，且稳压24h，压力降不应大于0.01MPa。

②气压试验的介质宜采用空气或氮气。

4. 管网冲洗。管网强度试验合格后，应用水进行冲洗。管网冲洗应分段进行。冲洗顺序应先室外，后室内；先地下，后地上；室内部分的冲洗应按配水干管、配水管、配水支管的顺序进行。冲洗前，应对系统的仪表采取保护措施，并应对管道支架、吊架进行检查，必要时应采取加固措施。对不能经受冲洗的设备和冲洗后可能存留脏物、杂物的管段，应单独进行清理。当冲洗直径大于100mm的管道时，应对其死角和底部进行敲打，但不得损伤管道。管网冲洗的方法和要求如下：

（1）管网冲洗的水流流速、流量不应小于系统设计的水流流速、流量；管网冲洗宜分区、分段进行；水平管网冲洗时，其排水管位置应低于配水支管。

（2）管网冲洗的水流方向应与灭火时管网的水流方向一致。

（3）管网冲洗应连续进行。当出口处水的颜色、透明度与入口处水的颜色、透明度基本一致时冲洗方可结束。

（4）管网冲洗宜设临时专用排水管道，其排放应通畅和安全。排水管道的截面面积不得小于被冲洗管道截面面积的60%。

（5）管网的地上管道与地下管道连接前，应在配水干管底部加设堵头后对地下管道进行冲洗。

（6）管网冲洗结束后，应将管网内的水排除干净，必要时可采用压缩空气吹干。

（五）系统的调试

1. 系统调试的准备。系统调试应在系统施工完成后进行。系统调试应具备下列条件：

（1）消防水池、消防水箱已储存设计要求的水量。

（2）系统供电正常。

（3）消防气压给水设备的水位、气压符合设计要求。

（4）湿式自动喷水灭火系统管网内已充满水；干式、预作用自动喷水灭火系统管网内的气压符合设计要求；阀门均无泄漏。

（5）与系统配套的火灾自动报警系统处于工作状态。

2. 系统调试的内容。系统调试应包括下列内容：

（1）水源测试。

（2）消防水泵调试。

（3）稳压泵调试。

（4）报警阀调试。

（5）排水设施调试。

（6）联动试验。

3. 系统调试的要求。水源测试、消防水泵调试、稳压泵调试在消防给水部分已叙述，在此不再赘述。

（1）报警阀组的调试。报警阀组调试按照湿式报警阀组、干式报警阀组、雨淋报警阀组、预作用装置各自特点进行调试。报警阀组调试前，首先检查报警阀组组件，确保其组件齐全、装配正确，在确认安装符合消防设计要求和消防技术标准规定后，进行调试。

①湿式报警阀组。湿式报警阀组调试时，从末端试水装置处放水，当湿式报警阀进水口压力大于0.14MPa，放水流量大于1L/s时，报警阀应及时启动，带延迟器的水力警铃应在5～90s内发出报警铃声，不带延迟器的水力警铃应在15s内发出报警铃声，压力开关应及时动作，启动消防泵并反馈信号。

②干式报警阀组。干式报警阀组调试时，开启系统试验阀，报警阀的启动时间、启动点压力、水流到试验装置出口所需时间等应符合消防设计要求。

③雨淋报警阀组。雨淋报警阀组调试宜采用检测、试验管道进行。自动和手动方式启动的雨淋报警阀，应在联动信号发出或者手动控制操作后15s内启动；公称直径大于200mm的雨淋报警阀，应在60s内启动。雨淋报警阀调试时，当报警水压为0.05MPa，水力警铃应发出报警铃声。

④预作用装置。预作用报警装置的调试参照湿式报警阀组和雨淋报警阀组的调试要求进行综合调试。

湿式报警阀组、干式报警阀组、雨淋报警阀组、预作用装置采用压力表、流量计、秒表、声强计测量，并进行观察检查。

（2）联动调试。

①湿式系统。湿式系统的联动试验，启动一只喷头或以0.94～1.5L/s的流量从末端试水装置处放水时，水流指示器、报警阀、压力开关、水力警铃和消防水泵等应及时动作，并发出相应的信号。

②干式系统。干式系统的联动试验，启动1只喷头或模拟1只喷头的排气量排气，报警阀应及时启动，压力开关、水力警铃动作并发出相应信号。

③预作用系统、雨淋系统和水幕系统。预作用系统、雨淋系统、水幕系统的联动试验，可采用专用测试仪表或其他方式，对火灾自动报警系统的各种探测器输入模拟火灾信号，火灾自动报警控制器应发出声光报警信号，并启动自动喷水灭火系统；采用传动管启动的雨淋系统、水幕系统联动试验时，启动1只喷头，雨淋阀打开，压力开关动作，水泵启动。

项目二　系统的检测验收

系统竣工后，建设单位组织实施工程竣工验收，验收不合格不得投入使用。自动喷水灭火系统的竣工验收内容包括系统各组件的抽样检查和功能性测试。系统验收时，施工单位应提供下列资料：

（1）竣工验收申请报告、设计变更通知书、竣工图。

（2）工程质量事故处理报告。

（3）施工现场质量管理检查记录。

（4）自动喷水灭火系统施工过程质量管理检查记录。

（5）自动喷水灭火系统质量控制检查资料。

（6）系统试压、冲洗记录。

（7）系统调试记录。

一、管网的检测验收

网管的验收内容和要求如下：

1. 查验管道材质、管径、接头、连接方式及其防腐、防冻措施，应符合消防技术标准和消防设计文件要求；报警阀后的管道上未安装其他用途的支管、水龙头。

2. 测量管网排水坡度，管道横向安装坡度应为 0.002 ~ 0.005，且坡向排水管；相应的排水措施设置应符合规定要求。

3. 检查系统末端试水装置、试水阀、排气阀等设置位置、组件及其设置情况，应符合消防设计文件要求。

4. 检查系统中不同部位安装的报警阀组、闸阀、止回阀、电磁阀、信号阀、水流指示器、减压孔板、节流管、减压阀、柔性接头、排水管、排气阀、泄压阀等组件设置位置、安装方式、安装要求等应符合要求。

5. 测试干式灭火系统管网容积，系统充水时间不宜大于 1min；对于由火灾自动报警系统和充气管道上设置的压力开关开启预作用装置的预作用系统，系统的充水时间不宜大于 1min；对于仅由火灾自动报警系统联动开启预作用装置的预作用系统，系统的充水时间不宜大于 2min；雨淋系统的充水时间不宜大于 2min。

6. 检查管道支架、吊架、防晃支架，固定方式、设置间距、设置要求等应符合消防技术标准规定。

二、消防水泵的检测验收

消防水泵验收内容及要求如下：

1. 工作泵、备用泵、吸水管、出水管及出水管上的阀门、仪表的规格、型号、数量，应符合设计要求；吸水管、出水管上的控制阀应锁定在常开位置，并有明显标记。

2. 消防水泵应采用自灌式引水或其他可靠的引水措施。

3. 分别开启系统中的每一个末端试水装置和试水阀，水流指示器、压力开关等信号装置的功能均应符合设计要求。湿式自动喷水灭火系统的最不利点做末端放水试验时，自放水开始至水泵启动时间不应超过 5min。

4. 打开消防水泵出水管上试水阀，当采用主电源启动消防水泵时，消防水泵应启动正常；关掉主电源，主、备电源应能正常切换。备用电源切换时，消防水泵应在 1min 或 2min 内投入正常运行。自动或手动启动消防泵时应在 55s 内投入正常运行。

5. 消防水泵停泵时，水锤消除设施后的压力不应超过水泵出口额定压力的 1.3 ~ 1.5 倍。

6. 对消防气压给水设备，当系统气压下降到设计最低压力时，通过压力变化信号应能启动稳压泵。

7. 消防水泵启动控制应置于自动启动挡，消防水泵应互为备用。

三、喷头的检测验收

洒水喷头的验收内容及方法如下：

1. 查验喷头设置场所、型号、规格以及公称动作温度、响应时间指数（RTI）、安装方式等性能参数，应符合设计要求。抽查设计喷头数量 10%，总数不少于 40 个，合格率应为 100%。

2. 测量喷头安装间距，喷头与楼板或吊顶、墙、梁等障碍物的距离，应符合消防技术标准和消防设计文件要求。抽查设计喷头数量 5%，总数不少于 20 个，距离偏差 ±15mm，合格率不小于 95% 时为合格。

3. 查验特殊使用环境中喷头的保护措施。有腐蚀性气体的环境、有冰冻危险场所安装的喷头，应采取了防腐蚀、防冻等防护措施；有碰撞危险场所的喷头应加设防护罩。

4. 查验喷头备用量。各种不同规格的喷头的备用品数量不应少于安装喷头总数的 1%，且每种备用喷头不应少于 10 个。

四、报警阀组的检测验收

报警阀组的验收内容及方法如下：

1. 验收前，检查报警阀组及其附件的组成、安装情况，以及报警阀组所处状态。报警阀组及其各附件安装位置应正确，各组件、附件结构安装应准确；供水干管侧和配水干管侧控制阀门应处于完全开启状态，锁定在常开位置；报警阀组试水阀、检测装置放水阀应关闭，检测装置其他控制阀门应开启，报警阀组应处于伺应状态；报警阀组及其附件设置的压力表读数应符合设计要求。

2. 启动报警阀组检测装置，测试其流量、压力。供水干管侧和配水干管侧的流量、压力应符合消防技术标准和消防设计文件要求。

3. 测试报警阀组及其对应系统的自动启动功能。启动报警阀组试水阀或者电磁阀后，供水干管侧、配水干管侧压力表值平衡后，报警阀组以及检测装置的压力开关、延迟器、水力警铃等附件应动作准确、可靠；与空气压缩机或者火灾自动报警系统的联动控制应准确，符合消防设计文件要求。经测试，水力警铃喷嘴处压力应符合消防设计文件要求，且不小于 0.05MPa；距水力警铃 3m 远处警铃声声强应符合设计文件要求，且不小于 70dB。

4. 消防水泵启动装置应置于自动启动挡，压力开关、电磁阀、排气阀入口电动阀、消防水泵等应及时动作，且相应信号反馈到消防联动控制设备。

五、系统功能检测验收

自动喷水灭火系统应进行系统模拟灭火功能试验，且应符合下列要求：

1. 报警阀动作，水力警铃应鸣响。
2. 水流指示器动作，应有反馈信号显示。
3. 压力开关动作，应启动消防水泵及与其联动的相关设备，并应有反馈信号显示。
4. 电磁阀打开，雨淋阀应开启，并应有反馈信号显示。
5. 消防水泵启动后，应有反馈信号显示。
6. 加速器动作后，应有反馈信号显示。
7. 其他消防联动控制设备启动后，应有反馈信号显示。

六、系统验收的判定标准

自动喷水灭火系统工程质量验收判定应符合下列规定：

1. 系统工程质量缺陷应按《自动喷水灭火系统施工及验收规范》（GB20261—2017）的要求划分为：严重缺陷项（A）、重缺陷项（B）、轻缺陷项（C）。

2. 系统验收合格判定的条件为：A＝0，且 B≤2，且 B＋C≤6 为合格，否则为不合格。

现将严重缺陷项（A）、重缺陷项（B）、轻缺陷项（C）列举如下（数字为规范中的条文号）。

（1）严重缺陷项（A）包括以下几个方面：

①系统供水水源的检查验收应符合 8.0.4 条中第 1 项“应检查室外给水管网的进水管管径及供水能力，并应检查高位消防水箱和消防水池容量，均应符合设计要求”，第 2 项“当采用天然水源作系统的供水水源时，其水量、水质应符合设计要求，并应检查枯水期最低水位时确保消防用水的技术措施”的要求。

②消防水泵验收应符合 8.0.6 条中第 4 项“打开消防水泵出水管上试水阀，当采用主电源启动消防水泵时，消防水泵应启动正常；关掉主电源，主、备电源应能正常切换。备用电源切换时，消防水泵应在 1min 或 2min 内投入正常运行。自动或手动启动消防泵时应在 55s 内投入正常运行”的要求。

③管网验收应符合 8.0.8 条中第 1 项“管道的材质、管径、接头、连接方式及采取的防腐、防冻措施，应符合设计规范及设计要求”的要求。

④喷头验收应符合 8.0.9 条中第 1 项“喷头设置场所、规格、型号、公称动作温度、响应时间指数（RTI）的设计要求”。

⑤系统流量、压力的验收，应符合 8.0.11 条“应通过系统流量压力检测装置进行放水试验，系统流量、压力的设计要求”的要求。

⑥系统应进行系统模拟灭火功能试验，且应符合 8.0.12 条中第 3 项“压力开关动作，应启动消防水泵及与其联动的相关设备，并应有反馈信号显示”，第 4 项“电磁阀打开，雨淋阀应开启，并应有反馈信号显示”的要求。

（2）重缺陷项（B）包括以下几个方面：

①消防泵房的验收应符合8.0.5条中第1项“消防泵房的建筑防火要求应符合相应的建筑设计防火规范”的规定，第2项“消防泵房设置的应急照明、安全出口、备用电源、自动切换装置的设置”设计要求。

②消防水泵验收应符合8.0.6条中第1项“工作泵、备用泵、吸水管、出水管及出水管上的阀门、仪表的规格、型号、数量应符合设计要求；吸水管、出水管上的控制阀应锁定在常开位置，并有明显标记”，第3项“分别开启系统中的每一个末端试水装置和试水阀，水流指示器、压力开关等信号装置的功能均应符合设计要求；湿式自动喷水灭火系统的最不利点做末端放水试验时，自放水开始至水泵启动时间不应超过5min的要求”，第5项“消防水泵停泵时，水锤消除设施后的压力不应超过水泵出口额定压力的1.3～1.5倍的要求”，第6项“对消防气压给水设备，当系统气压下降到设计最低压力时，通过压力变化信号应能启动稳压泵”的要求。

③报警阀组的验收应符合8.0.7条中第1项“报警阀组的各组件应符合产品标准要求”，第2项“打开系统流量压力检测装置放水阀，测试的流量、压力应符合设计要求”，第3项“水力警铃的设置位置应正确，测试时，水力警铃喷嘴处压力不应小于0.05MPa，且距水力警铃3m远处警铃声声强不应小于70dB的要求”，第4项“打开手动试水阀或电磁阀时，雨淋阀组动作应可靠的要求”，第6项“空气压缩机或水灾自动报警系统的联动控制应符合设计要求”的要求。

④管网验收应符合8.0.8条中第4项“管网不同部位安装的报警阀组、闸阀、止回阀、电磁阀、信号阀、水流指示器、减压孔板、节流管、减压阀、柔性接头、排水管、排气阀、泄压阀等，均应符合设计要求”，第5项“干式系统、由火灾自动报警系统和充气管道上设置的压力开关开启预作用装置的预作用系统，其配水管道充水时间不宜大于1min；雨淋系统和仅由水灾自动报警系统联动开启预作用装置的预作用系统，其配水管道充水时间不宜大于2min”的要求。

⑤喷头验收应符合8.0.9条中第2项“喷头安装间距，喷头与楼板、墙、梁等障碍物的距离”的设计要求。

⑥水泵接合器数量及进水管位置应符合8.0.10条中“消防水泵接合器应进行充水试验，且系统最不利点的压力、流量”的设计要求。

⑦系统应进行系统模拟灭火功能试验，且应符合8.0.12条中第5项“消防水泵启动后，应有反馈信号显示的要求”，第6项“加速器动作后，应有反馈信号显示的要求”，第7项“其他消防联动控制设备启动后，应有反馈信号显示”的要求。

（3）轻缺陷项（C）包括以下几个方面：

①系统验收，施工单位提供的资料应符合8.0.3条中第1～5项的要求，应提供以下资料：

竣工验收申请报告、设计变更通知书、竣工图；工程质量事故处理报告；施工现场质量管理检查记录；自动喷水灭火系统施工工程质量管理检查记录；自动喷水灭火系统质量控制检查资料。

②消防水泵验收应符合8.0.6条中第7项“消防水泵启动控制应置于自动启动挡，消防水泵应互为备用”的要求。

③报警阀组的验收应符合 8.0.7 条中第 5 项“控制阀均应锁定在常开位置”的要求。

④管网验收应符合 8.0.8 条中第 2 项“管网排水坡度及辅助排水设施，应满足管道横向安装宜设 2‰～5‰的坡度，且应坡向排水管；当局部区域难以利用排水管将水排净时，应采取相应的排水措施。当喷头数量小于或等于 5 只时，可在管道低凹处加设堵头；当喷头数量大于 5 只时，宜装设带阀门的排水管的要求”，第 3 项“系统中的末端试水装置、试水阀、排气阀应符合设计要求”的要求。

⑤喷头验收应符合 8.0.9 条中第 3 项“有腐蚀性气体的环境和有冰冻危险场所安装的喷头，应采取防护措施的要求”，第 4 项“有碰撞危险场所安装的喷头应加设防护罩的要求”，第 5 项“各种不同规格的喷头均应有一定数量的备用品，其数量不应小于安装总数的 1 %，且每种备用喷头不应少于 10 个”的要求。

⑥系统应进行系统模拟灭火功能试验，且应符合 8.0.12 条中第 1 项“报警阀动作，水力警铃应鸣响的要求”，第 2 项“水流指示器动作，应有反馈信号显示的要求”的要求。

模块六　自动喷水灭火系统的维护保养

项目一　日常维护管理

自动喷水灭火系统的维护管理是系统正常完好、有效使用的基本保障。从事维护管理的人员要经过消防专业培训，具备相应的从业资格证书，熟悉自动喷水灭火系统的原理、性能和操作维护规程。

一、系统巡查

自动喷水灭火系统巡查主要是针对系统组件外观、现场运行状态、系统检测装置工作状态、安装部位环境条件等实施的日常巡查。建筑使用单位至少每日组织一次系统全面巡查。

（一）巡查内容

自动喷水灭火系统巡查内容主要包括：

（1）喷头外观及其周边障碍物、喷头溅水盘与顶棚距离等。

（2）报警阀组外观、排水设施状况、水源控制阀的启闭状态等。

（3）充气设备、排气装置及其控制装置、火灾探测传动、液（气）动传动及其控制装置、现场手动控制装置等外观、运行状况。

（4）系统末端试水装置、楼层试水阀外观、压力值及其现场环境状态等。

（5）系统用电设备的电源及其供电情况。

二、系统周期性检查维护

系统周期性检查是指建筑使用管理单位按照国家法律法规和工程建设消防技术标

准的要求，对已经投入使用的自动喷水灭火系统的组件、零部件等，按照规定检查周期进行的检查、测试。经检查，自动喷水灭火系统发生故障，需要停水检修的，向主管值班人员报告，取得单位消防安全管理人的同意后，派人临场监督，设置相应的防范措施后，方能停水动工。消防水池、消防水箱、消防气压给水设备内的水，根据当地环境、气候条件应不定期更换。寒冷季节，消防储水设备的任何部位均不得结冰。

（一）日检查项目

下列项目至少每日进行一次检查：

1. 电源电压及接通状态。进户两路电源正常，高低压配电柜元器件、仪表、开关正常，泵房内双电源互投柜和控制柜元器件、仪表、开关正常，控制柜和电机的电源线压接牢固，控制柜内熔丝完好，电动机接地装置可靠，电机绝缘性良好（大于0.5MΩ），电源切换时间不大于2s，主泵故障备用泵切换时间不大于60s，电源、电压值符合设计要求并稳定。

2. 水源控制阀、报警控制装置。维护管理人员每天应对水源控制阀、报警阀组进行外观检查，并应保证系统处于无故障状态。

3. 寒冷季节，消防储水设备的任何部位均不得结冰。每天应检查设置储水设备的房间，保持室温不低于5℃。

（二）月检查项目

下列项目至少每月进行一次检查与维护：

1. 消防水泵或内燃机驱动的消防水泵应每月启动运转一次。当消防水泵为自动控制启动时，应每月模拟自动控制的条件启动运转一次。

2. 电磁阀应每月检查并应做启动试验，动作失常时应及时更换。

3. 系统上所有的控制阀门均应采用铅封或锁链固定在开启或规定的状态。每月应对铅封、锁链进行一次检查，当有破坏或损坏时应及时修理更换。不带锁定的明杆闸阀、方位蝶阀等阀类应每周检查一次。

4. 消防水池、消防水箱及消防气压给水设备应每月检查一次，并应检查其消防储备水位及消防气压给水设备的气体压力。同时，应采取措施保证消防用水不作他用，并应每月对该措施进行检查，发现故障应及时进行处理。

5. 消防水泵接合器的接口及附件应每月检查一次，并应保证接口完好、无渗漏、闷盖齐全。

6. 每月应利用末端试水装置对水流指示器进行试验。

7. 每月应对喷头进行一次外观及备用数量检查，发现有不正常的喷头应及时更换；当喷头上有异物时应及时清除。更换或安装喷头均应使用专用扳手。

（三）季度检查项目

下列项目至少每季度进行一次检查与维护：

1. 每个季度应对系统所有的末端试水阀和报警阀旁的放水试验阀进行一次放水试验，检查系统启动、报警功能以及出水情况是否正常。检查内容如下：

（1）湿式报警阀。每月检查主阀锈蚀状况，各个部件连接处无渗漏现象，主阀前后压力表读数准确及两表压差符合要求（<0.01MPa），延时装置排水畅通，压力开关动作灵活并迅速反馈信号，主阀复位到位，警铃动作灵活、铃声洪亮，排水系统排水畅通。

（2）干式报警阀和预作用报警装置。每月检查符合湿式报警阀内容外，另应检查充气装置启停准确，充气压力值符合设计要求，加速排气压装置排气速度正常，电磁阀动作灵敏，主阀瓣复位严密，主阀侧腔（控制腔）锁定到位，阀前稳压值符合设计要求（不得小于0.25MPa）。

（3）雨淋报警阀。每月检查符合湿式报警阀内容外，另应检查电磁阀动作灵敏，主阀瓣复位严密，主阀侧腔（控制腔）锁定到位，阀前稳压值符合设计要求（不得小于0.25MPa）。

2. 室外阀门井中，进水管上的控制阀门应每个季度检查一次，核实其处于全开启状态。

（四）年度检查项目

下列项目至少每年进行一次检查与维护：

1. 每年应对水源的供水能力进行一次测定。
2. 每年应对消防储水设备进行检查，修补缺损和重新油漆。
3. 每年应对消防水泵通过放水试验，进行启动性能和流量检测。
4. 每年应对水泵接合器进行通水试验。

自动喷水灭火系统周期性检查总结见表3－29：

表3－29　自动喷水灭火系统周期性检查

	自动喷水灭火系统
每周	不带锁定的明杆闸阀、方位蝶阀等阀类
每月	消防水泵（电动、内燃机驱动）自动启动、喷头（外观及备品）、带锁定的闸阀、蝶阀等阀门、阀门的铅封锁链、气压给水设备（包括气体压力）、消防水箱、消防水池（包括所有消防用水不被他用的措施）、电磁阀（并启动）、报警阀试水阀放水试验、报警阀的外观性能检查、水流指示器（利用末端试水装置）、水泵接合器完好情况、过滤器排渣，信号阀的启闭状态
每季度	系统所有末端试水阀和报警阀旁试水试验阀放水检查系统启动及报警功能。室外阀门井中的控制阀门开启状况及其使用性能测试，水流指示器试验报警
每年	水源供水能力测试，水泵接合器通水加压测试，储水设备完好检查，系统联动测试，水泵的流量性能检测

项目二　常见故障处理

系统周期性检查、年度检测时，对于检查发现的系统故障，要及时分析故障原因，消除故障，确保系统完好有效。这里先列举一些常见故障及处理方法。

一、消防水泵常见故障及处理

1. 消防泵启动后管网加不上压。

（1）故障原因分析。

①水泵本身故障；

②管网内空气太多；

③启泵后吸不上水，水泵为空转，所以加不上压。

（2）故障处理。

①检修水泵；

②对管网进行先排气再启泵加压；

③查找水泵不能吸水原因。

2. 启泵后水泵无出水。

（1）故障原因分析。

①消防水池内无水或水位过低；

②进水闸阀或出水闸阀关闭；

③水泵反转；

④进水管的阀门被杂物堵塞。

（2）故障处理。

①检查消防水池水位；

②检查进、出水闸阀；

③检查电机的相序；

④检查进水管。

3. 消防中心远程不能启停水泵。

（1）故障原因分析。

①水泵本身故障；

②线路开路或断路；

③控制柜按钮开关接触不良或多线控制盘线路松动和多线控制盘损坏；

④继电器接触不良和烧坏。

（2）故障处理。

①检修水泵；

②对线路进行检查维修，看原来放线时有无备用线路；

③对设备进行检查维修；

④对线路进行检查，对设备进行更换。

4. 喷头动作后或末端泄放装置打开，联动泵后管道前端无水。

（1）故障原因分析。

①湿式报警阀阀瓣不动作；

②水源控制阀关闭。

（2）故障处理。
①检查湿式报警阀；
②检查水源控制阀。

二、稳压泵故障及处理

稳压泵启动频繁。
（1）故障原因分析。
①电接点压力表上、下限压差太小；
②气压罐或气压罐胶囊损坏；
③管网不能正常保压引起。
（2）故障处理。
①调整电接点压力表的上下限；
②更换气压罐；
③查找管网不能正常保压的原因。

三、系统管网故障及处理

管网不能保压（泄漏）。
（1）故障原因分析。
①管网不能保压一般是由于末端放水阀等试水阀未关紧；
②各相关止回阀止不住水；
③湿式报警阀阀芯关不紧；
④阀门泄漏；
⑤室外预埋主管由于长时间受到腐蚀使管道锈穿；
⑥水泵接合器埋地管网漏水。
（2）故障处理。
①关闭末端放水阀等试水阀；
②更换相关止回阀；
③查找湿式报警阀阀芯关闭不紧的原因并进行排除；
④更换阀门；
⑤更换室外埋地管道；
⑥更换水泵接合器埋地管网。

四、湿式报警阀组故障及处理

1. 湿式报警阀误报警（或报警阀组漏水）。
（1）故障原因分析。
①排水阀门未完全关闭；
②阀瓣密封垫老化或者损坏；
③系统侧管道接口渗漏；

④测试控制阀渗漏；

⑤阀瓣组件与阀座之间因变形或污垢、杂物阻挡而不密封；

⑥补偿器装反；

⑦补偿器堵塞等。

（2）故障处理。

①关紧排水阀门；

②更换阀瓣密封垫；

③密封垫老化、损坏的，更换；密封垫错位的，调整位置；管道接口锈蚀、磨损严重的，更换。

④更换测试控制阀；

⑤先放水冲洗；仍渗漏，关闭进水口和系统侧控制阀，卸下阀板，清除杂质；拆卸阀体，阀瓣组件、阀座存在明显变形、损伤的，更换。

⑥正确安装补偿器；

⑦清洗补偿器。

2. 湿式报警阀间隙报警。

（1）故障原因分析。

①喷淋管道中有大量空气（管网规模较大或有凹凸走向的管网）；

②补偿器被堵塞；

③补偿器装反。

（2）故障处理。

①排除空气；

②清除杂物；

③正确安装补偿器。

3. 湿式报警阀慢报警。

（1）故障原因分析。

①系统管网过大，控制喷头数量过多；

②放水流量过小；

③阀前有池漏，稳压设施未发挥作用，阀前压力过小。

（2）故障处理。

①适当控制系统规模；

②调整放水流量；

③检查稳压设施。

4. 湿式报警阀长报警。

（1）故障原因分析。

①水中有杂物使阀瓣关闭不严；

②末端试水阀门或试水阀未关闭，或关闭不严；

③胶垫脱落或阀瓣损坏不能关闭。

（2）故障处理。

①放水冲洗或拆卸清洗；

②检查末端试水阀门和试水阀；

③检查胶垫和阀瓣。

5. 湿式报警阀不报警。

（1）故障原因分析。

①末端放水流量小，阀瓣锈蚀严重，启闭不灵活；

②淤泥杂物或密封材料堵塞警铃，压力开关的管道，或过滤器堵塞；

③管网压力偏低；

④报警管路阀门关闭。

（2）故障处理。

①检查末端或阀瓣；

②检查报警管路；

③升高压力；

④打开报警管路阀门。

6. 湿式报警阀水力警铃不报警。

（1）故障原因分析。

①产品质量问题或者安装调试不符合要求；

②报警管路不通，主要是由于报警管路控制阀关闭或过滤器堵塞；

③系统压力过低，导致报警管路压力低于0.05MPa；

④试验时放水流量过小，阀板没有打开；

⑤延迟器滴水球阀或节流孔板设置不合理，漏水速度过快；

⑥水力警铃入口堵塞或本身故障，如铃锤机构被卡住。

（2）故障处理。

①更换产品或重新调试；

②打开控制阀或给过滤器排渣；

③调整系统工作压力；

④增大放水流量；

⑤调整滴水球阀或节流孔板；

⑥修理水力警铃等。

7. 湿式报警阀压力开关不报警。

（1）故障原因分析。

①产品质量问题或者安装调试不符合要求；

②报警管路不通，主要是由于报警管路控制阀关闭或过滤器堵塞；

③系统压力过低，导致报警管路压力低于0.05MPa；

④试验时放水流量过小，阀板没有打开；

⑤延迟器滴水球阀或节流孔板设置不合理，漏水速度过快；

⑥压力开关损坏；

⑦接线松动或断线。

（2）故障处理。

①更换产品或重新调试；

②打开控制阀或给过滤器排渣；

③调整系统工作压力；

④增大放水流量；

⑤调整滴水球阀或节流孔板；

⑥更换压力开关；

⑦检查维修线路。

五、雨淋报警阀组故障及处理

1. 自动滴水阀漏水。

（1）故障原因分析。

①产品存在质量问题；

②安装调试或者平时定期试验、实施灭火后，没有将系统侧管道内的余水排尽；

③雨淋报警阀隔膜球面中线密封处因施工遗留的杂物、不干净消防用水中的杂质等导致球状密封面不能完全密封。

（2）故障处理。

①更换存在问题的产品或者部件；

②开启放水控制阀，排除系统侧管道内的余水；

③启动雨淋报警阀，采用洁净水流冲洗遗留在密封面处的杂质。

2. 复位装置不能复位。

（1）故障原因分析。水质过脏，有细小杂质进入复位装置密封面。

（2）故障处理。拆下复位装置，用清水冲洗干净后重新安装，调试到位。

3. 长期无故报警。

（1）故障原因分析。

①未按照安装图样进行安装调试；

②误将试验管路控制阀常开。

（2）故障处理。

①检查各组件安装情况，按照安装图样重新进行安装调试；

②关闭试验管路控制阀。

4. 系统测试警铃不报警。

（1）故障原因分析。

①消防用水中的杂质堵塞了报警管道上过滤器的滤网；

②水力警铃进水口处喷嘴被堵塞、未配置铃锤或者铃锤卡死；

③报警管路阀门关闭。

（2）故障处理。

①拆下过滤器，用清水将滤网冲洗干净后，重新安装到位；

②检查水力警铃的配件，配齐组件；有杂物卡阻、堵塞的部件进行冲洗后重新装配到位；

③打开报警管路阀门。

5. 雨淋报警阀不能进入伺应状态。

（1）故障原因分析。

①复位装置存在问题；

②未按照安装调试说明书将报警阀组调试到伺应状态（隔膜室控制阀、复位球阀关闭）；

③消防用水水质存在问题，杂质堵塞了隔膜室管道上的过滤器。

（2）故障处理。

①修复或者更换复位装置；

②按照安装调试说明书将报警阀组调试到伺应状态（开启隔膜室控制阀、复位球阀）；

③将供水控制阀关闭，拆下过滤器的滤网，用清水冲洗干净后，重新安装到位。

6. 传动管喷头被堵塞。

（1）故障原因分析。

①消防用水水质存在问题；

②管道过滤器不能正常工作。

（2）故障处理。

①对水质进行检测，清理不干净、影响系统正常使用的消防用水；

②检查管道过滤器，清除滤网上的杂质；或者更换过滤器。

六、预作用报警阀组故障及处理

1. 报警阀漏水。

（1）故障原因分析。

①排水控制阀门未关紧；

②阀瓣密封垫老化或者损坏；

③复位杆未复位或者损坏。

（2）故障处理。

①关紧排水控制阀门；

②更换阀瓣密封垫；

③重新复位复位杆，或者更换复位装置。

2. 压力表读数不在正常范围。

（1）故障原因分析。

①预作用装置前的供水控制阀未打开；

②压力表管路堵塞；

③压力表管路控制阀未打开或者开启不完全。

（2）故障处理。

①完全开启报警阀前的供水控制阀；

②拆卸压力表及其管路，疏通压力表管路；

③完全开启压力表管路控制阀。

3. 系统管道内有积水。

（1）故障原因分析。复位或者试验后，未将管道内的积水排完。

（2）故障处理。开启排水控制阀，完全排除系统内积水。

七、水流指示器故障及处理

1. 水流指示器在水流动作后不报信号。

（1）故障原因分析。

①电气线路及端子压线问题；

②水流指示器安装反了；

③水流指示器本身问题，包括桨片不动、桨片损坏，微动开关损坏或干簧管触点烧毁、或永久性磁铁不起作用等。

（2）故障处理。

①检查线路；

②检查水流指示器是否装反；

③检查桨片是否损坏或塞死不动，检查永久性磁铁、干簧管等器件。

2. 水流指示器不能复位。

（1）故障原因分析。

①管中杂物卡堵；

②压力弹簧太紧。

（2）故障处理。

①清除杂物；

②调节弹簧。

本章小结

本章主要介绍了自动喷水灭火系统的分类、系统的组成、系统组件的设置要求、系统的施工调试、检测验收和维护管理的内容。

自动喷水灭火系统按洒水喷头的结构分为开式系统和闭式系统。开式系统又分为雨淋系统和水幕系统。闭式系统又分为湿式系统，干式系统，预作用系统和防护冷却系统。

自动喷水灭火系统主要由消防水源、供水设施设备和配水管网，报警阀组、洒水喷头、水流指示器等构成。报警阀组根据使用的系统不同又分为湿式报警阀组，干式报警阀组，雨淋报警阀组和预作用报警装置。洒水喷头根据不同的分类标准又有不同的分类。洒水喷头按热敏感元件可分为易熔元件洒水喷头和玻璃球洒水喷头。洒水喷头按安装方式可分为直立型喷头、下垂型喷头、边墙型喷头。洒水喷头根据其灵敏度，可分为早期抑制快速响应（ESFR）喷头、快速响应喷头、特殊响应喷头和标准响应喷头。洒水喷头根据单只喷头的覆盖面积可分为标准覆盖面积喷头和扩大覆盖面积（EC）喷头。洒水喷头根据应用场所分类，除普通喷头之外，还有早期抑制快速响应（ESFR）喷头、特殊应用喷头和家用喷头。

自动喷水灭火系统的施工必须由具有相应等级资质的施工队伍承担。检测验收和维护管理也是保障系统正常发挥作用的重要环节，必须严格按规范进行，维护管理人员应经过消防专业培训，应熟悉自动喷水灭火系统的原理、性能和操作维护规程。自动喷水灭火系统工程质量验收判定条件为：A =0，且 B≤2，且 B + C≤6 为合格，否则为不合格。

实 训

实训一：认识自动喷水系统

1. 实训内容：认识自动喷水灭火系统，重点掌握湿式系统的构成。
2. 实训目的：
（1）通过实训认识常见自动喷水灭火系统；
（2）重点掌握湿式系统的构成。
3. 实训内容和步骤：
（1）准备工作：复习湿式系统的构成。
（2）实训过程：
①认识常见自动喷水系统；
②湿式系统的构成；
③湿式报警阀组的功能和主要组件及功能。
4. 实训注意事项：
（1）实训过程中，注意安全；
（2）认真观察，记录相关数据；
（3）注意规范要求，试验结果是否符合。

实训二：喷头喷洒实验

1. 实训目的：通过实训，了解湿式喷水灭火系统的工作原理和喷头的动作过程。
2. 实训内容：
（1）识别自动喷水系统中的喷头；
（2）识别各种常用类型的喷头；
（3）掌握各种喷头的布水情况。
3. 实训方法与步骤：
（1）逐个对各类喷头进行识别；
（2）学习规范要求；
（3）进行喷头洒水实验，观察各种喷头的布水形状和强度。
4. 注意事项：
（1）喷淋实验的喷头要拧紧；
（2）喷头存放必须放在专用架内。

实训三：湿式报警阀组的组装

1. 实训目的：通过实训，使学生学会湿式报警阀组的组装。
2. 实训内容：(1) 认识湿式报警阀组的组件；
(2) 湿式报警阀组的组装。
3. 实训方法与步骤：
(1) 认识湿式报警阀组的组件；
(2) 掌握湿式报警阀组的动作原理；
(3) 湿式报警阀组的组装。
4. 注意事项：注意组件的安装顺序；实训过程中注意安全。

实训四：干式报警阀组的组装

1. 实训目的：通过实训，使学生学会干式报警阀组的组装。
2. 实训内容：
(1) 认识干式报警阀组的组件；
(2) 干式报警阀组的组装。
3. 实训方法与步骤：
(1) 认识干式报警阀组的组件；
(2) 掌握干式报警阀组的动作原理；
(3) 干式报警阀组的组装。
4. 注意事项：注意组件的安装顺序；实训过程中注意安全。

实训五：预作用报警装置的组装

1. 实训目的：通过实训，使学生学会预作用报警阀组的组装。
2. 实训内容：
(1) 认识预作用报警阀组的组件；
(2) 预作用报警阀组的组装。
3. 实训方法与步骤：
(1) 认识预作用报警阀组的组件；
(2) 掌握预作用报警阀组的动作原理；
(3) 掌握雨淋报警组与预作用报警阀组的关系；
(4) 预作用报警阀组的组装。
4. 注意事项：注意组件的安装顺序；实训过程中注意安全。

实训六：湿式自动喷水灭火系统的集成

1. 实训目的：通过实训，使学生掌握湿式自动喷水灭火系统的组成和集成。
2. 实训内容：
(1) 认识湿式自动喷水灭火系统的组件；

（2）湿式自动喷水灭火系统的集成。
3. 实训方法与步骤：
（1）认识湿式自动喷水灭火系统的组件；
（2）掌握湿式自动喷水灭火系统动作原理；
（3）学习规范要求；
（4）湿式自动喷水灭火系统的集成。
4. 注意事项：注意组件的安装顺序；实训过程中注意安全。

实训七：干式自动喷水灭火系统的集成

1. 实训目的：通过实训，使学生掌握干式自动喷水灭火系统的组成和集成。
2. 实训内容：
（1）认识干式自动喷水灭火系统的组件；
（2）干式自动喷水灭火系统的集成。
3. 实训方法与步骤：
（1）认识干式自动喷水灭火系统的组件；
（2）掌握干式自动喷水灭火系统动作原理；
（3）学习规范要求；
（4）干式自动喷水灭火系统的集成。
4. 注意事项：注意组件的安装顺序；实训过程中注意安全。

实训八：预作用自动喷水灭火系统的集成

1. 实训目的：通过实训，使学生掌握预作用自动喷水灭火系统的组成和集成。
2. 实训内容：
（1）认识预作用自动喷水灭火系统的组件；
（2）预作用自动喷水灭火系统的集成。
3. 实训方法与步骤：
（1）认识预作用自动喷水灭火系统的组件；
（2）掌握预作用自动喷水灭火系统动作原理；
（3）学习规范要求；
（4）预作用自动喷水灭火系统的集成。
4. 注意事项：注意组件的安装顺序；实训过程中注意安全。

实训九：雨淋系统的集成

1. 实训目的：通过实训，使学生掌握雨淋系统的组成和集成。
2. 实训内容：
（1）认识雨淋系统的组件；
（2）雨淋系统的集成。

3. 实训方法与步骤：

（1）认识雨淋系统的组件；

（2）掌握雨淋系统动作原理；

（3）学习规范要求；

（4）雨淋系统的集成。

4. 注意事项：注意组件的安装顺序；实训过程中注意安全。

实训十：湿式自动喷水灭火系统工作原理和喷头动作原理模拟实训。

1. 实训目的：

（1）通过实训理解湿式系统的动作原理和过程，体会手动和联动的区别，进一步认识手动状态下，不能及时正确操作的危害；

（2）通过实训理解喷头动作原理；

（3）通过实训进一步加深对供水阀门要求的理解。

2. 实训内容和步骤。实训准备工作：复习喷头和湿式系统的动作过程和原理。

实训过程：

（1）在联动状态下，给玻璃球喷头进行加温试验，观察喷头动作过程，观察湿式系统动作过程，注意泵的启动，查看主机显示。

第一次观察过程，第二次完成任务：

①用秒表记录喷头破碎喷水的时间；

②用秒表记录喷头破碎喷水到警铃响的时间；

③用秒表记录水流指示器反馈信号的时间；

④用秒表记录启泵的时间。

学生自己记录过程和结果。

（2）在手动状态下，模拟湿式系统的动作过程，和联动状态下作比较，区别是什么。学生自己记录过程和结果。

思考：若未能及时正确操作，会引起什么后果。

（3）故障模拟后，观察湿式系统的动作状态。联系课程，学生寻找故障原因并排除。

思考：若实际工作中出现这种情况，会引起什么后果？如何避免？

3. 实训注意事项。

①实训过程中，注意安全。

②认真观察，记录相关数据。

③注意规范要求，试验结果是否符合。

实训十一：自动喷水灭火系统系统的检测

1. 实训目的：通过实训，使学生掌握自动喷水灭火系统系统的检测内容、要求和步骤。

2. 实训内容：

（1）掌握自动喷水灭火系统施工及验收规范和自动喷水灭火系统设计规范要求；

（2）自动喷水灭火系统系统的检测内容、要求和步骤。

3. 实训方法与步骤：

（1）学习自动喷水灭火系统施工及验收规范和自动喷水灭火系统设计规范要求；

（2）自动喷水灭火系统的检测。

4. 注意事项：注意规范要求；准确记录结果。实训过程中注意安全。

实训十二：自动喷水灭火系统系统的维护保养

1. 实训目的：通过实训，使学生掌握自动喷水灭火系统系统的维护保养内容、要求和步骤，会进行常见故障判断和处理。

2. 实训内容：

（1）掌握自动喷水灭火系统施工及验收规范和自动喷水灭火系统设计规范要求；

（2）掌握自动喷水灭火系统系统的维护保养内容、要求；

（3）掌握自动喷水灭火系统系统常见故障判断、处理。

3. 实训方法与步骤：

（1）学习自动喷水灭火系统施工及验收规范和自动喷水灭火系统设计规范要求；

（2）自动喷水灭火系统的日常维护保养；

（3）自动喷水灭火系统常见故障判断、处理。

4. 注意事项：注意规范要求；准确记录结果；实训过程中注意安全。

练习题

1. 自动喷水灭火系统如何分类？
2. 自动喷水灭火系统的适用范围有哪些？
3. 湿式、干式、预作用自动喷水灭火系统的主要区别在哪里？
4. 湿式自动喷水灭火系统由哪些主要组件组成？
5. 干式自动灭火系统的工作原理？
6. 预作用自动喷水灭火系统的工作原理？
7. 自动喷水灭火系统及其组件施工前现场检查内容及要求有哪些？
8. 自动喷水灭火系统及其组件安装及技术检测要求有哪些？
9. 自动喷水灭火系统调试及功能性检测要求有哪些？
10. 自动喷水灭火系统竣工验收方法及其合格判定标准有哪些？
11. 自动喷水灭火系统巡查、日常检查、年度检测的内容及要求有哪些？
12. 自动喷水灭火系统常见故障有哪些？产生这些故障的原因是什么？如何处理？

参考文献

[1] 中华人民共和国住房和城乡建设部．自动喷水灭火系统施工及验收规范．中国计划出版社，2017.

[2] 中华人民共和国住房和城乡建设部．自动喷水灭火系统设计规范．中国计划出版社，2017.

[3] 中华人民共和国住房和城乡建设部．消防给水及消火栓系统技术规范．中国计划出版社，2014.

[4] 李念慈．自动喷水灭火系统——设备　设计　运行．中国建筑工业出版社，2009.

[5] 中国消防协会．消防安全技术综合能力．中国人事出版社，2018.